Pietro Querini

Lieblingsgerichte großer Mafiosi

Pietro Querini

Lieblingsgerichte großer Mafiosi

mit 75 Original-Rezepten
der sizilianischen Küche

Burg Verlag Rehau

Die Deutsche Bibliothek verzeichnet diese Publikation in der
Deutschen Nationalbibliografie.
Detaillierte bibliografische Daten sind im Internet über
http://ddb.de abrufbar

Burg Verlag, Rehau
Burgstr. 12, D-95111 Rehau
Tel.: +49 (0) 9283 / 81095
Fax: +49 (0) 9283 / 81096
mailto: Burg-Verlag@t-online.de
www.Burg-Verlag.com

Alle Rechte vorbehalten

© Burg Verlag, Rehau

Lektorat: Marianne Glaßer, Röslau
Layout und Gestaltung: Stefan Lingl
 Lingl & Friends, Werbeagentur, Marktredwitz
Titelbild: hef
Druck und Bindung in der EU

ISBN 978-3-937344-10-2 - 3. Auflage Dezember 2011

Inhaltsverzeichnis

Geleitwort		6
Vorwort		8
Einleitung		9
1.	Die Mafia auf Sizilien, ein Musterbeispiel organisierter Kriminalität	11
2.	Die Liebe der Mafiosi zu ihrer Heimat	22
3.	Schlemmen wie die Götter?	33
4.	Die Lieblingsgerichte großer Mafiosi	39
	4.1 Beliebte Vorspeisen (,antipasti')	40
	4.2 Beliebte Gerichte beim ersten Gang (,primo piatto')	42
	4.3 Beliebte Gerichte beim zweiten Gang (,secondo piatto')	45
	4.4 Beliebte Beilagen (,contorni')	50
	4.5 Beliebte Desserts (,dolci') und Käsesorten zum Abschluss eines guten Essens	52
	4.6 Beliebte Weine und Spirituosen	54
5.	Original-Rezepte der ,Cucina Siciliana'	57
6.	Verzeichnis der Rezepte	60
7.	Anhang	142
	7.1 Olivenöl - Grundlage der sizilianischen Küche	142
	7.2 Die wichtigsten Nudelsorten aus Hartweizengries	146
	7.3 Regeln für das Nudelkochen	148
	7.4 Übersicht über die Zubereitung verschiedener Fische	149
	7.5 Kleines Mafia-Lexikon	150

Geleitwort

Pietro Querini gelingt es auf eindrucksvolle Weise, im Rahmen seines sizilianischen Kochbuchs auf die organisierte Kriminalität der Mafia einzugehen. Zu Beginn des Buches erteilt er den Lesern eine kriminalwissenschaftliche Lektion: Er warnt vor dem perfekten Verbrechertum der „Ehrenwerten Gesellschaft" in all ihren offenen und verdeckten Formen, auch in Deutschland. Mit Leidenschaft beschäftigt er sich mit dem Lebensstil ranghoher Mafiosi auf Sizilien. Dazu gehört natürlich zuallererst ihr vorzügliches Essen.

In den sizilianischen Restaurants der Insel und zu Tisch bei befreundeten „Mafiafamilien" hat sich Pietro Querini als verdeckter Enthüllungsjournalist gründlich umgesehen. Schon in früher Jugend lernte er bei seinem oberitalienischen Großvater professionelles Kochen. Seitdem gilt sein Hauptaugenmerk den Zutaten der Speisen und den Garmethoden.

Sizilien hat mehr als andere Regionen in Italien seine regionalen Eigenheiten bewahrt. Um seine außergewöhnlichen Spezialitäten zu genießen, reisen Feinschmecker aus ganz Europa hierher. Während die meisten Europäer essen, um ihren Hunger zu stillen, leben die Sizilianer, wie es so schön heißt, um zu essen. Die Esskultur gehört zum mediterranen Lebensgefühl.

Selbst die weniger wohlhabende Landbevölkerung genießt abwechslungsreiches und wohlschmeckendes Essen. Dabei werden nur lokale Produkte verwendet. Wissenschaftliche Studien der Weltgesundheitsorganisation, des französischen Instituts de la Santé und des Instituts für Ernährung in Rom kommen zu dem Schluss, dass die mediterrane Ernährung auf Sizilien die Häufigkeit von Herz- und Kreislauferkrankungen deutlich verringert, Krebsleiden vorbeugt und somit das Leben verlängert. Die Studien der WHO empfehlen eine Ernährung, die auf Teigwaren aus Hartweizengrieß beruht und täglich eine größere Menge antioxydatives Obst und Gemüse vorsieht. Weiterhin ist mehr Fisch statt Fleisch gesund. Von hohem Gesundheitswert ist Olivenöl statt Butter und mäßig Rotwein zu den Mahlzeiten.

Die von Querini ausgewählten Rezepte der sizilianischen Küche entsprechen der Forderung nach idealer Ernährung. Die Küche der ‚Manzù', der sizilianischen Adeligen, die von den Mafiabossen zunehmend übernommen wird, lehnt er rigide ab. Ihre Köche bereiten die Mahlzeiten z. B. mit viel Schmalz zu, es gibt wenig Gemüse und kaum Obst.

Catania, 15. Mai 2007   Prof. Dr. Giovanni Orlando
                               Università degli Studi di Catania

> "Kennst du das Land, wo die Zitronen blühn,
> "Im dunkeln Laub die Goldorangen glühn,
> "Ein sanfter Wind vom blauen Himmel weht,
> "die Myrthe still und hoch der Lorbeer steht?
> "Kennst du es wohl?"
>
> (Johann W. von Goethe)

Vorwort

Seit über 20 Jahren besuche ich Freunde und Kollegen auf Sizilien. Immer wieder begeistert mich dabei die einheimische Küche. Die Fisch- und Fleischgerichte werden sehr aufmerksam zubereitet, basieren auf Grundstoffen und Gewürzen der jeweiligen Region und sind schmackhaft, wenn auch kräftig. Es ist kein Zufall, dass sich hier die internationale „Slow-Food"-Bewegung umgesehen hat.

In den Restaurants und Landgasthäusern, die ich mit meinen Freunden und Kollegen über Jahre hinweg besuchte, erhielt ich wertvolle Hinweise zur Zubereitung köstlicher Gerichte, z. B. zu ‚acciuga al verde', Sardellen in Kräutersauce, und zu ‚caponet', gefüllten Zucchiniblüten. Nach den ‚dolci', nach den exzellenten Menüs, führte ich häufig mit Köchen anregende und ausführliche Gespräche über zahlreiche Originalrezepte. Zu besonderem Dank fühle ich mich hier Pedro Guardini, Giovanni Queri und Mario Perdomini verbunden. Vieles über die Eigenheiten der sizilianischen Küche habe ich von meinem „Mafiosi-Freund" Felice erfahren. Mein besonderer Dank gilt Giovanni Ricci vom Istituto Italiano di Cultura in München.

E grazie a Lucia Negretto per esserci sempre stata: Questo libro è per te.

Pietro Querini

Convento San Giovanni Battista
Baida bei Palermo

Frühjahr 2007

Einleitung

Der Garten des Klosters San Giovanni Battista liegt in außergewöhnlich schöner Lage zwischen Oliven- und Zitronenhainen auf den Hügeln südlich von Palermo. Dieser Konvent des Franziskanerordens ist eine Oase des Friedens und ein Ort besonderer Spiritualität.

Ich sitze im Schatten einer Platane und denke an meinen deutschen Kollegen Werner Raith, der in Philosophie promovierte und sich in Pädagogik habilitierte. Angewidert von den Mafiastrukturen und Mafiapraktiken der Universität verzichtete er auf eine Karriere als Hochschullehrer und entschied sich für ein Leben als freier Publizist und Italienkorrespondent. Er wurde Autor zahlreicher Bücher über Italien und über die Mafia, zuletzt mit folgenden Titeln:

Das neue Mafia-Kartell, Berlin, Rowohlt, 1994
Organisierte Kriminalität, Reinbek, Rowohlt, 1995
Mafia: Ziel Deutschland, Frankfurt, Fischer, 1992

Nach einem Lehrauftrag an der Universität Palermo ist Werner Raith im Alter von 59 Jahren aus nicht bekannten Gründen verstorben. Aber seine Bücher sind sein Vermächtnis. Er schreibt darin u. a.: „Die organisierte Kriminalität hat sich zu einem weltweiten Phänomen entwickelt. In Europa breiten sich die Mafiafamilien wie ein Krebsgeschwür aus. Mit ihrer eindrucksvollen Finanzmacht und den damit verbundenen Korruptionsmöglichkeiten gewinnt die Mafia zunehmend Einfluss auf Staat, Wirtschaft und Gesellschaft. Seit die organisierte Kriminalität auch in Deutschland Fuß gefasst hat, streiten sich Polizei, Staatsanwaltschaft und Politiker um wirkungsvolle Formen der Bekämpfung."

Recherchen über die Mafia sind nicht erfreulich. Das einzig Gute an der Mafiaforschung auf Sizilien ist das Erleben der ‚cucina siciliana'. Und hat nicht schon Goethe in der „Italienischen Reise" die sizilianische Küche in den höchsten Tönen gelobt? Wer einmal in einem Restaurant in Acitrezza, Canicatti oder Bagheria eine Fischsuppe gegessen hat, dem bleibt das Erlebnis unvergesslich. Das Essen auf Sizilien ist immer herzhaft-würzig: Pasta, Tomaten, Auberginen, Fisch und Geflügel verwöhnen den Gaumen. Südlich von Monreale erstreckt sich das an Schluchten und Höhlen reiche Hinterland der Mafia mit dem Mythos uralten Banditentums. Mögen die Dörfer in der Umgebung von Corleone, der „Mafiahochburg", noch so abgelegen sein, das Essen schmeckt dort hervorragend.

Grundsätzlich lässt sich die Küche in zwei Kategorien einteilen: die volkstümliche Küche bzw. „Armeleuteküche" und die ‚cucina baronale', die Küche des Adels. Die Küche der Barone, auch ‚manzù' genannt, wird in zunehmendem Maße von ranghohen Mafiosi beansprucht. Sie ist sehr üppig, wählt viel Fleisch und verwendet Tierfette. Die Zutaten einer Speise sind wie die Rezepte sehr kompliziert.

Die volkstümliche Küche hingegen ist einfach, aber geschmackvoll und abwechslungsreich. Und vor allem gesund! Fleisch gibt es wenig, dafür reichlich Gemüse. Die Bauern in den Bergen ernähren sich von Brot, Bohnen, Tomaten, Wildgemüse, Oliven und Käse. An guten Tagen gibt es Pasta- oder Gemüsegerichte, selten mit Fleischeinlagen.

Elemente unterschiedlicher Herkunft bestimmen die sizilianische Küche. Im Laufe der Jahrhunderte eroberten viele Völker die Insel und brachten ihre Esstraditionen mit. Die Vielfalt der Küche ist vor allem den Arabern zu verdanken. Wenn die sizilianischen Antipastibuffets mit ihren Gemüsevariationen die abwechslungsreichsten Italiens sind, so ist das auch orientalische Tradition. Orientalisch ist ebenso das Gericht von Palermo schlechthin, die ‚pasta con le sarde', Makkaroni mit Sardinen.

1. Die Mafia auf Sizilien, ein Musterbeispiel organisierter Kriminalität

Die sizilianische Mafia (it. ‚la mafia') ist das Gegenstück zur Camorra in Neapel und zur 'Ndrangheta in Kalabrien. Sie ist wohl schon im 17. Jahrhundert entstanden. Im 19. Jahrhundert gewann der straff organisierte Geheimbund zahlreiche Anhänger. Die eigentliche Blüte der Mafia begann nach dem zweiten Weltkrieg. Ihre Verbindung zur Politik wurde intensiver, und auf Grund der Beziehungen zu den Mafiosi in den Vereinigten Staaten wurde auch das kriminelle Operationsfeld internationalisiert.

Die Mafia ist eine hoch entwickelte kriminelle Vereinigung mit zahlreichen politischen Verflechtungen und internationaler Reichweite, auch nach Deutschland. Korruption, Erpressung und kaltblütiger Mord – das ist die blutige Wahrheit hinter dem früheren Mythos. Anfang der achtziger Jahre wurden in weniger als zwei Jahren auf Sizilien etwa 1000 Menschen ermordet. Sie wurden auf offener Straße erschossen oder an geheime Orte gebracht und dann erdrosselt. Ihre Leichen wurden in Säure aufgelöst, in Beton eingegossen, im Meer versenkt oder zerstückelt an Schweine verfüttert. Bei den Tätern handelte es sich um ein Bündnis von Verbrechern, die um die Führung der Mafia wetteiferten. Seit diesem blutigsten Mafiakonflikt aller Zeiten gewannen Untersuchungsrichter durch Überläufer erstmals Einblick in das Innenleben der Mafia.

Die Mafia zählt heute auf Sizilien ca. 5000 Mitglieder, die in 186 Familienclans gegliedert sind. Zählt man auch die weitläufigsten Gefolgsleute zu den Mitgliedern, so wächst die Gesamtgröße der Mafia auf rund 70 000 Menschen.

Der Begriff Cosa Nostra wurde früher nur für die sizilianische Mafia in den USA verwendet. Heute steht er auch allgemein für die Mafia auf Sizilien. Cosa nostra, wörtlich „unsere Sache", ist eine Eigenbezeichnung mafioser Gruppen für ihre Organisation. In ihr wird der Name „Mafia" niemals ausgesprochen, es gilt das Gesetz der ‚omertà' (Schweigepflicht).

Die Triaden, die Verbrechermultis der Chinesen, und die Yakuza in Japan operieren weltweit. Die Mafia ist die größte Verbrecherorganisation Europas. Längst geht es ihr nicht mehr allein um Drogenhandel, um Glücksspiel und Schutzgelderpressung, sondern das Geld wird bevorzugt in enger Zusammenarbeit mit Politikern und Managern in Industrie und Wirtschaft gemacht. Inzwischen bekämpft die Mafia den Staat nicht mehr, sondern geht in ihm auf. Sie versucht immer stärker, auch die Verwaltungs- und Justizbehörden zu infiltrieren. So vergrößert sie ihre Gewinnspannen. Häufige Kriminalitätsbereiche sind:

- Rauschgifthandel und Rauschgiftschmuggel,
- Waffenhandel und Waffenschmuggel,
- Kriminalität im Zusammenhang mit dem Nachtleben (vor allem Zuhältertum, illegales Glücksspiel und Falschspiel),
- Menschenhandel und Prostitution,
- Handel mit Organen,
- illegale Einschleusung von Ausländern,
- Warenzeichenfälschung, Markenpiraterie,
- Internetkriminalität, Computersoftware-Piraterie,
- Gold- und Devisenschmuggel,
- Kapitalanlagebetrug bei Immobilien und bei Inhaberschuldverschreibungen,
- betrügerisches Börsenspekulationsgeschäft,
- Betrug von Versicherungen,
- Subventionsbetrug,
- Kreditwucher,
- Herstellen und Vertreiben von Falschgeld,
- Verschieben hochwertiger Autos,
- Einbruch in Villen, Antiquitätendiebstahl,
- gewerbemäßige Hehlerei nach Speditions- und Lagereinbrüchen,
- Manipulation bei Kommunalwahlen,
- illegale Entsorgung von Sondermüll (internationaler Giftmülltransport),
- Nuklearkriminalität,
- Erpressung von Schutzgeldern.

Schutzgelder haben für eine Mafiafamilie die gleiche Funktion wie Steuern für eine legale Regierung. In den sizilianischen Provinzstädten werden Geschäftsleute und Restaurantbesitzer auch bis heute erpresst. Aber in den Großstädten arbeitet die so genannte Ökomafia viel lukrativer als ihre Konkurrenten: Illegale Mülldeponien, der Transport toxischer Abfälle und der Handel mit verbotenen Baumaterialien sind interessante neue Betätigungsfelder. Die Mafia ist ein Chamäleon, und ihre Wandlungsfähigkeit macht sie so stark.

Auf Sizilien zahlen 70 % aller Geschäftsleute an die Mafia Schutzgeld, den so genannten ‚Pizzo'. Selbst kleine Ladenbesitzer zahlen vierteljährlich 500 bis 1000 Euro. Sehr teuere Geschäfte wie Juwelierläden müssen vierteljährlich bis zu 3000 Euro abgeben. 80 % aller Kaufleute und Unternehmer zahlen in Palermo den Pizzo. Verweigern sie ihn, haben sie mit Konsequenzen zu rechnen. ‚Gambizzare' (= in die Beine schießen) wird von den Mafiosi als Druck- oder Vergeltungsmittel angewandt. Der Pizzo wird totgeschwiegen. So konnten sich die Mafiaeinnahmen in den letzten zwanzig Jahren verzehnfachen. Die Gesamthöhe des Schutzgeldes schätzt man in Sizilien auf etwa 7 Milliarden Euro, in ganz Italien auf 14 Milliarden.

Die Gewinne der Mafia werden nach einer gut überlegten Geldwäsche in Antiquitäten, Weingüter, Obstplantagen, Rinderfarmen, Industrieanlagen, Restaurants, Hotels und Feriensiedlungen investiert. Wer das Geschäft stört, stirbt schnell. Immer wieder erschrecken „erlauchte Leichen" die Öffentlichkeit. Getötet werden Polizeichefs, Staatsanwälte, Richter, Angeordnete, Bürgermeister usw.

Durch das Einschleusen von Schwarzgeld, häufig verbunden mit Tötungsdelikten, destabilisiert die Mafia die staatliche Ordnung, die innere Sicherheit und die Funktionsfähigkeit einer geregelten Wirtschaft. Da der Aufwand für die Strafverfolgung außerordentlich hoch ist, kommt es nicht selten zum Entstehen rechtsfreier Räume. Starke Präsenz der Mafia in den Dörfern südlich von Palermo führt vereinzelt dazu, dass die Rechtsordnung des italienischen Staates nicht mehr respektiert wird. Südlich von Palermo gibt es einige Dörfer, die nur noch die Mafia als Ordnungsmacht anerkennen. Giovanni Falcone und Paolo Borsellino waren auf Sizilien die bekanntesten Untersuchungsrichter im Kampf gegen die Mafia. 1992 wurden sie ermordet. Heute trägt der Flughafen in Palermo den Namen „Falcone Borsellino". Der Präfekt der Provinz Palermo, Alberto dalla Chiesa, wurde nach nur 100 Tagen Amtszeit ermordet. In mehreren Anti-Mafia-Kommissionen bemühte man sich bis jetzt vergeblich, die Komplizenschaft zwischen Mafiosi, Wirtschaftsunternehmen, Behörden und Politikern aufzudecken.

Sehr aufschlussreich ist, dass es zwischen der sizilianischen Mafia und einigen Freimaurerlogen enge Verbindungen gibt. 1986 fiel in Palermo den Ermittlungsbehörden ein Papier in die Hände, das eine Querverbindung zwischen der sizilianischen Mafia und der Loge „Universale Freimaurerei des alten und angenommenen schottischen Ritus" belegt. In den Räumen der Loge im Zentrum von Palermo wurde eine Mitgliederliste mit

200 Logenbrüdern gefunden. Auf ihr fanden sich neben den Namen renommierter Rechtsanwälte, Industrieller, Redakteuren von Zeitungen und drei Richtern auch die Namen polizeilich gesuchter ranghoher Mafiosi.

Kriminologen gehen von der Annahme aus, dass die Mafia auf Sizilien im Jahre 2006 über 230 Millionen Euro erwirtschaftet hat, also doppelt so viel wie die Automobilfabrik Fiat! Im gesamten Italien erzielte in diesem Jahr die organisierte Kriminalität einen Jahresumsatz, welcher den der chemischen Industrie oder der Landwirtschaft übersteigt. Nach Schätzungen des italienischen Wirtschaftsmagazins „Il Mondo" entspricht der Jahresumsatz aller Verbrechergemeinschaften acht Prozent des gesamten Bruttosozialprodukts Italiens.

Dass Verbrechen der Mafia angezeigt werden, verhindert die Omertà, die Schweigepflicht. Sie verbietet allen Mitgliedern strikt, bei der Polizei auszusagen. Jeder Bruch dieses traditionellen Gesetzes wird mit dem Tod geahndet. Nicht zu verwechseln mit der Omertà ist die Vendetta, die Blutrache. Sie erlaubt es, unabhängig vom Mafiaclan Rache zu nehmen.

Die sizilianische Mafia zeigt einen streng zentralistischen Aufbau. An ihrer Spitze steht allmächtig die Kuppel (,cupola'), dann folgen die Provinzchefs (,commissione provinciale'), denen die Kommissionschefs (,capo commissione') untergeordnet sind. Ihnen müssen sich die Mandatschefs (,capo mandamento') verantworten. Auf der untersten Führungsebene agieren die Familienchefs (,capo famiglia'). Mehrere Familien sind zum Clan zusammengeschlossen.

Zu den berühmtesten Mafiaclans auf Sizilien zählen die Corleoneser. Corleone, eine kleine Stadt südlich von Palermo, gilt als ein Zentrum der Mafia seit den siebziger Jahren. Es ist eine der gewalttätigsten Städte der Welt. Der berüchtigte Mafiaboss Salvatore (Totò) Riina stammte aus Corleone. Der Film „Der Pate" berichtet vom Leben der Corleone-Clans und machte die Stadt weltweit bekannt.

Um Mitglied der „Ehrenwerten Gesellschaft" zu werden, um zu den „Freunden der Freunde" zu gehören, sind verschiedene Wege möglich. In der Regel muss sich der Novize die Hand, mit der er schießt, aufritzen, das Blut auf ein brennendes Bildchen von der „Verkündigung Marias" tropfen lassen und das Bildchen so lange in seinen Händen behalten, bis es verbrannt ist. Dabei gelobt er der Cosa Nostra gegenüber „Treue und Verschwiegenheit" bis in den Tod. „Jetzt gehörst du nicht mehr dieser Welt, jetzt bist du unsere Sache": Mit diesen Worten endet das Initiationsritual der Cosa Nostra für den neu aufgenommenen Mafioso.

Früher erhielt er bei der ‚combazione' im Rahmen des Aufnahmerituals eine ‚lupara', eine Schrotflinte mit kurzem Lauf, die bevorzugte Waffe der Mafiosi, als Willkommensgeschenk. Heute verzichten sie immer mehr auf jegliche Schusswaffen, sondern bevorzugen Giftmorde. Beliebt sind dabei z. B. Metallverbindungen. Sie sind in der Regel in jedem Labor zu bekommen und töten erst nach einigen Tagen. Das metallische Element Thallium, ein geruchs- und geschmackloses Pulver, lässt sich unbemerkt in die Nahrung mischen. Ein Gramm Thallium genügt, um einen Menschen zu töten. Eine Thallium-Vergiftung ist deshalb so tückisch, weil die Symptome der Vergiftung erst nach zwölf Tagen auftauchen. Die Haare fallen aus, Nieren und Leber versagen und Nervenstörungen führen schließlich zu einem qualvollen Tod. Ein Gegenmittel gibt es nicht. Noch schlimmer wirkt das Gift Ricin, das aus dem Ricinussamen stammt. Ein tausendstel Gramm ist tödlich. Ein Gegenmittel gibt es ebenfalls nicht.

Bevor ein ‚uomo d´onore', wörtlich: ein Mann der Ehre, tatsächlich zum Ehrenmann aufsteigt, wird er von den ranghöheren Mafiosi beobachtet, überwacht und auf die Probe gestellt. Früher war nicht selten ein perfekter Mord Voraussetzung für die Aufnahme in die Organisation. Die Ehre hat vor allem mit Loyalität zu tun und bedeutet, dass ein Mafioso die Interessen der Cosa Nostra über die der Blutsverwandten stellen muss. Ehre häuft man durch Gehorsam an. Als Gegenleistung für die so genannte Verfügbarkeit können die in der Hierarchie der Mafia aufsteigenden Mafiosi ihr Ehrenkonto aufstocken, und das verschafft ihnen mehr Anerkennung, mehr Macht, mehr Geld.

Ein Capo, ein Mafiaboss, ist berechtigt, das Privatleben seiner Leute bis ins Kleinste zu kontrollieren. So fragt z. B. ein Mafioso seinen Capo nicht selten um Erlaubnis, ob er heiraten darf. Es ist von größter Bedeutung, dass sich ein Mafioso die richtige Ehepartnerin aussucht und diese sich in der Ehe vorbildlich verhält. Eine verärgerte Ehefrau könnte der gesamten Mafiafamilie sehr schaden, wenn sie zur Polizei geht.

Nicht selten kommt es zwischen einzelnen Mafiafamilien wegen der „Geschäftsführung" zu harten Auseinandersetzungen. Unter der Überschrift „Mafiaboss wird auf offener Straße ermordet" berichtet die Süddeutsche Zeitung in ihrer Ausgabe vom 14. Juni 2007 von den aktuellen Problemen der „Ehrenwerten Gesellschaft" in Palermo wie folgt:

„Nach der Ermordung eines Mafiabosses in Palermo befürchten Polizei und Justiz einen neuen Krieg der Clans auf Sizilien. Nicolò Ingarao wurde am Mittwochmorgen auf offener Straße von einer Polizeiwache von mindestens vier Kugeln niedergestreckt, wie die Polizei mitteilte.

Der mehrfach vorbestrafte 46-Jährige habe sich täglich bei der Polizei melden müssen, sagte ein Polizeisprecher. Im Gespräch mit der Nachrichtenagentur Ansa bezeichnete ein Staatsanwalt den Vorfall wegen der hohen Position Ingaraos in der sizilianischen Unterwelt als sehr beunruhigend.

Ingaraos Mafiaclan kontrolliert den Angaben zufolge einen Teil des Stadtzentrums von Palermo. Zwar sei es verfrüht, von einem Clan-Krieg zu sprechen, dennoch müsse höchste Vorsicht walten."

Die **Camorra** wird nicht als typische Mafiaorganisation angesehen, weil sie ausschließlich städtischer Herkunft ist. Zu Beginn des 19. Jahrhunderts war sie in Neapel ein Geheimbund zur Einigung Italiens. Erst später wurde sie eine Gemeinschaft von Verbrechern. Sie zählt heute über 6700 Mitglieder in ca. 110 Familien.

Die Camorra kontrolliert Neapel und seine unmittelbare Umgebung mit Drohungen und offener Gewalt dank einer stillschweigenden Duldung durch die Einwohner, die Politiker, die Gewerkschaften und vielleicht auch manche Kirchengemeinden.

Jährlich gehen in Neapel über 100 Morde auf das Konto der Camorra. 2006 forderte eine Mordserie in zehn Tagen zwölf Tote. Als Nährboden für die vielen Verbrechen der Camorra gilt die drückende Armut in Neapel. Die Arbeitslosigkeit beträgt 25 %, bei Jugendlichen über 50 %. So sind die Camorra-Clanchefs willkommene Arbeitgeber vor allem junger Menschen.

Ein großes Problem bei der Bekämpfung der Camorra wie der Mafia stellen die noch immer zu geringen finanziellen Aufwendungen des Staates dar, auch wenn es im Jahr 2005 im Rahmen von Sondereinsätzen zu Großaufgeboten von über 1300 Polizei- und Justizbeamten gekommen ist. Die organisierte Kriminalität in Neapel, die Camorra, ist zum Teil noch blutrünstiger als die Cosa Nostra auf Sizilien, ebenso wie die 'Ndrangheta in Kalabrien.

Die **'Ndrangheta** gilt heute als geheimnisvollste Verbrecherorganisation Italiens, wenn nicht ganz Europas. Ihre Zentren liegen in den Provinzen Reggio di Calabria und Crotone.

Im Unterschied zur Cosa Nostra basiert die Mitgliedschaft in der 'Ndrangheta auf Blutsverwandtschaft. Die einzelnen Mitglieder nennen sich 'ndrinu, der Clan selbst 'ndrina. In den letzten Jahrzehnten stiegen nur wenige aus und stellten sich als Kronzeugen zur Verfügung. Die Blutsverwandtschaft verbindet ein ganzes Leben lang. Die 'Ndrangheta zählt heute ca. 700 Mitglieder, die in 90 Clans oder ‚cosche' gegliedert sind. Sie „operiert" mit Vorliebe im Baugewerbe, aber auch im Tourismus. Die Ähnlichkeiten zur Mafia auf Sizilien führen dazu, dass man von einer ‚Mafia calabrese' spricht.

Seit den neunziger Jahren konnte sich neben den alten Verbrechensgruppen, der sizilianischen Mafia, der Camorra und der 'Ndrangheta, auch die apulische Mafia, die **Nuova Sacra Corona** in der organisierten Kriminalität fest etablieren. Ihre Zentren liegen in Brindisi, Lecce und Taranto. Die Mafia auf Sizilien, die Camorra in Neapel und die 'Ndrangheta in Kalabrien sind hoch entwickelte Organisationen. Ihre gemeinsamen Merkmale sind hierarchischer Aufbau, innere Abschottung, konspiratives, arbeitsteiliges Vorgehen und die Prinzipien des Schweigens und der Einschüchterung. Die Straftaten werden gezielt unter Einflussnahme auf Politik, Medien, öffentliche Verwaltung, Justiz und Wirtschaft begangen.

Mit weit über 500 000 Menschen stellen die Italiener die drittstärkste Ausländergruppe in Deutschland dar. Wie viele davon Mitglieder sizilianischer Mafiaclans, neapolitanischer Camorra-Clans und kalabresischer 'Ndrangheta-Clans sind, ist den Landeskriminalämtern und dem Staatsschutz der Polizeibehörden nicht bekannt. Schon in den achtziger Jahren nutzten sizilianische Mafiosi Deutschland als „Rückzugsgebiet" bzw. als so genanntes Ruhequartier. Sie können hier unerkannt untertauchen, sich Strafverfolgungsbehörden in Italien entziehen und evtl. neue Straftaten planen.

Von der Öffentlichkeit nicht bemerkt, wurde aus dem Rückzugsgebiet Deutschland in einigen Landesteilen auch ein ergiebiges Operationsgebiet für organisierte Kriminalität. Sehr lesenswert ist das Buch von Andreas Ulrich: „Das Engelsgesicht – die Geschichte eines Mafiakillers aus Deutschland", München, 2005. Mafiabosse von heute arbeiten lieber mit ihrem Laptop als mit Schusswaffen, können also auch aus der Ferne gut operieren.

In der sizilianischen Provinz Catania bilden die kleinen Gemeinden Paternò, Adrano und Biancavilla ein Gebiet, das wegen überdurchschnittlich vieler Kapitalverbrechen (allein 1989 wurden dort 110 Menschen ermordet) im Volksmund „Todesdreieck" genannt wird. Im Frühjahr 1992 gelang mit der Festnahme von vier Männern und einer Frau im Allgäu dem Bayerischen Landeskriminalamt ein Schlag gegen Angehörige eines sizilianischen Mafiaclans, der sich in den vergangenen Jahren in Kempten etabliert hatte. Den Verdächtigen wurden Tötungsdelikte auf Sizilien und Schutzgelderpressungen sowie Fälle illegalen Rauschgift- und Waffenhandels zur Last gelegt. Die Ermittlungen waren 1988 ins Rollen gekommen, nachdem im Allgäu immer mehr Straftaten bekannt geworden waren. Die mutmaßlichen Täter waren vornehmlich Sizilianer. Auffallend war, dass die meisten von ihnen aus der Gemeinde Adrano in der Provinz Catania stammten, eben jedem „Todesdreieck", in welchem nach Angaben des Bayerischen Landeskriminalamtes von 1987 bis Frühjahr 1992 über 370 Menschen von Mafiosi ermordet wurden. Als zentrale Figur galt der 32jährige Obst- und Gemüsehändler Salvatore Salamone, der von der Kriminalpolizei in Catania wegen Verdachts der „Bandenbildung nach Art der Mafia" und der Beteiligung an mehreren Morden mit internationalem Haftbefehl gesucht wurde. Der Clan-Chef konnte am 5. Dezember 1989 von einer Spezialeinheit der Polizei in Kempten festgenommen werden. Bei seiner Festnahme trug er eine geladene 9-Millimeter-Pistole mit gespanntem Hahn. In seiner Kemptener Wohnung fanden Beamte des Bayerischen Landeskriminalamtes eine abgesägte Schrotflinte, die „klassischste" der Mafiawaffen, und ein halbautomatisches Schnellfeuergewehr. Nach Überzeugung italienischer Sicherheitsbehörden handelte es sich bei Salvatore Salamone um den Kopf der Mafiafamilie Sant'Angelo. Er hatte die Nachfolge des im Februar 1989 in Catania verhafteten Alfredo Sant'Angelo, eines gefährlichen Mafiakillers, angetreten. Mein Kollege Dr. Werner Raith schreibt 1989 in seinem Buch „Mafia: Ziel Deutschland":

„Nach Erkenntnissen von Fahndern aus Palermo, die sich auf Aussagen geständiger Mafiosi stützen, verfolgten die Clans in den EG-Ländern zwei Hauptziele: den Aufbau eines europäischen Netzes von Akquisitions- und Zulieferzentralen für teuer gehandeltes illegales Ausfuhrgut wie Chemikalien und Waffen aus der Bundesrepublik, Frankreich und England und die Einrichtung schnell und problemlos funktionierender Ausfuhrbrückenköpfe."

Organisierte Kriminalität ist länderübergreifend. Ihre Bekämpfung muss ebenfalls länderübergreifend erfolgen. Das gilt wie nie zuvor auch für Deutschland. Auch hier haben Polizisten, Staatsanwälte und in der Verbrechensbekämpfung engagierte Politiker nicht wenig zu tun.

In den meisten Staaten der Welt sind organisierte Kriminelle in den unterschiedlichsten Deliktbereichen tätig. Tagtäglich berichten darüber Nachrichtenagenturen und Auslandskorrespondenten. In ihrem Buch „In den Fängen der Mafia-Kraken" sprechen Willi Flormann und Peter Krevert u. a. von folgenden Gruppierungen organisierter Kriminalität:

- Sizilianische kriminelle Clans (Mafia = Cosa Nostra)
- Kalabresische kriminelle Clans ('Ndrangheta)
- Apulische kriminelle Clans (Sacra Corona)
- Sardische kriminelle Clans
- Türkische und kurdische kriminelle Clans

- Polnische Mafia
- Russische kriminelle Gruppen
- Rumänische Banden
- Nigeria Connection
- Kolumbianische Kartelle
- Jamaikanische Gang-Organisation
- Mexikanische Kartelle
- Chilenische kriminelle Gruppen
- „Mafia" in den USA
- Yakuza in Japan
- Triaden in China

Wie nie zuvor hat die organisierte Kriminalität begonnen, sich netzartig zusammenzuschließen („network crime'). Ziel dabei ist die Profitmaximierung in den verschiedensten Bereichen des Verbrechens, besonders im illegalen Technologietransfer, in der Geldwäsche, im Drogen- und Waffenhandel, bei Subventions- und Zollbetrug und digitaler Spionage (= Eindringen in Computersysteme zum Diebstahl von Forschungsergebnissen). Die Wirtschaftskriminalität, so das Bundeskriminalamt 1996, ist in hohem Maße organisierte Kriminalität.

Selbst in deutschen Luxushotels werden jetzt „Gipfeltreffen" führender Paten abgehalten, die in Europa und in Übersee operieren. Beliebte Treffpunkte sind auch Fußball- und Großboxveranstaltungen, wo man sich leicht gegenüber der Polizei absetzen kann, wenn sie misstrauisch wird. Die organisierte Kriminalität hat gute Verbindungen zu Ämtern, Strafverfolgungsbehörden, Banken und Personen des öffentlichen Lebens. Durch Zahlung von Bestechungsgeldern, Bezahlung von teuren Urlaubsreisen, Überlassen von Ferienwohnungen und Vermittlung von attraktiven „freizügigen" Damen schafft man sich Abhängigkeiten. W. Flormann und P. Krevert beschreiben organisiertes Verbrechen in Deutschland wie folgt:

1. Phase:
Primäre Geldquelle: Illegale Geschäfte, z. B. mit Rauschgift, Kfz-Verschiebung, Menschenhandel, Prostitution, Erpressung, Waffen, Betrug, Hehlerei, Steuerhinterziehung.

2. Phase:
Erste legale Geschäfte: Gastronomie (Hotels, Restaurants, Gaststätten, Bars und Pizzerien), Export- und Importgeschäfte, Automaten, Immobilien, Inkassobetriebe, Boutiquen, Bauunternehmen, jedoch weiterhin zusätz-

liche illegale „Geschäfte".

3. Phase:
Investition illegaler Gewinne in legale Geschäfte, erste Kontakte zu Gesellschaft, Politik, Wirtschaft und Wissenschaft, Schaffen von Verbindungen und Abhängigkeiten.

4. Phase:
Verbürgerlichung, Aufstieg zum honorigen Geschäftsmann, gesellschaftliche Akzeptanz, Sponsoring, Wohltätigkeitsveranstaltungen, (fast) nur noch legale Geschäfte, Einfluss auf Politik und Wirtschaft, Steuerung bestimmter politischer und wirtschaftlicher Vorgänge über den neuen Status unter Nutzung der in der dritten Phase geknüpften Verbindungen.

Diese Phasen können über Jahre oder auch in kurzer Zeit durchlaufen werden. Sie sind abhängig von der Höhe der illegalen Gewinne durch professionelle Geldwäsche, der wirtschaftlichen und juristischen Beratung durch „gekaufte" Fachleute und des persönlichen Talents des einzelnen organisierten Kriminellen.

„Gemeinsam essen, gemeinsam trinken,
das erhält die Gemeinschaft."

(Pietro Queri)

2. Die Liebe der Mafiosi zu ihrer Heimat

Anfang des 20. Jahrhunderts herrschte auf Sizilien eine unbeschreibliche Armut. Deshalb wanderten von 1901 bis 1913 ungefähr 1,1 Millionen Sizilianer aus: ein Viertel der gesamten Inselbevölkerung. Davon gingen über 800 000 in die Vereinigten Staaten, unter ihnen Tausende von bereits organisierten Mafiosi. Bald kontrollierten sie in New York und Chicago den Handel mit Zitrusfrüchten und drangen mit Erfolg in den aufblühenden Stadtteilen der Großstädte ins Baugeschäft ein. In italienischen Wohnvierteln erhoben sie wie in ihrer früheren Heimat Schutzgelder. Wie zu Hause erfuhren sie eine gewisse Akzeptanz von Seiten der Presse, der Verwaltungs- und Justizbehörden und der lokalen Bevölkerung. Trotz ihres Wohlstandes gaben die Mafiosi in den Vereinigten Staaten ihre Kontakte zu ihren Heimatorten auf der Insel nie auf – wegen der alteingesessenen Mafiafamilien, aber auch wegen des unvergleichlich guten Essens. Und das gilt bis heute!

In den sechziger Jahren des vergangenen Jahrhunderts gingen Hunderttausende Sizilianer wegen mangelnder Verdienstmöglichkeiten als Gastarbeiter nach Nordeuropa. Zurzeit leben in Deutschland über 125 000 Sizilianer. Sie lieben ihre Heimat über alles. Ihre Urlaube verbringen sie bei ihren Verwandten auf der Insel bis auf den letzten Tag.

Wichtig sind für sie die vielfältigen Familienrezepte auf Sizilien. Sie werden von Generation zu Generation weitergegeben. Kein Tourist erfährt davon. Die Gerichte stehen in keinem Kochbuch. Jedes abgelegene Tal und jedes einsame Bergdorf hat seine eigenen kulinarischen Traditionen.

In den Sizilianern fließt das Blut von Griechen, Vandalen, Normannen, Staufern, Franzosen, Spaniern und Arabern. Wohl nirgendwo in Europa kam es zu einer solch ausgeprägten Vermischung von Völkern und Kulturen wie auf Sizilien. In dieser Jahrhunderte langen Unterdrückung liegt wohl der Grund für das noch immer spürbare Misstrauen der Sizilianer gegenüber allem, was von außen kommt.

Die bewegte Geschichte der Insel findet sich in vielen Bezeichnungen von Gerichten wieder, die von früheren Eroberern übernommen wurden. Die Araber haben die sizilianische Küche am stärksten geprägt. Die Vorliebe der Sizilianer, Süßes und Salziges zu mischen, etwa mit Rosinen, Pistazien und Pinienkernen, erinnert an die orientalische Vergangenheit. Pinienkerne, aber auch Mandeln verleihen Gerichten nicht nur ein unnachahmliches Aroma, sondern machen sie auch wunderbar „knackig". Bei Desserts können sie über einen Obstsalat oder einen Kuchen gestreut oder sogar für Eiscreme verwendet werden. In Sizilien spürt man den arabischen Einfluss besonders bei den ‚dolci'. Keine andere Region in Italien ist so reich an Gebäck und Zuckerwerk wie Sizilien. Den Spaniern verdankt man die bunte Aufmachung der Süßigkeiten und den Überfluss der Zutaten.

Die sizilianischen Märkte gehören zu den reichsten und schönsten der Welt. Aus dem Meer kommen reichlich Fische, Muscheln und Krustentiere, und auch das Fleisch von Rind, Lamm, Schwein und Zicklein schmeckt hier außergewöhnlich gut. Obst und Gemüse gedeihen zu jeder Jahreszeit, die Wälder liefern köstliche Pilze, und auf den Feldern und Wiesen wachsen aromatische Kräuter, Gemüse und Salate.

Fleischgerichte sind auf Sizilien traditionell im Inneren der Insel zu finden. Bei den Hauptgerichten steht an den Küsten Fisch auf dem Speisezettel. Die z. T. schwer verdaulichen Gerichte werden häufig durch leichte Salate ergänzt, so z. B. mit einem Zitronen- und Orangensalat. Die sizilianische Küche von heute vereint die Kochkünste all ihrer Vorfahren. Der Einfluss zahlreicher Traditionen ist vor allem in der Vorliebe für die Kombination von Aromen spürbar. Die ‚sfoglia' ist z. B. eine Art Käsekuchen, der mit kandiertem Kürbis, Schokoladenflocken und Zimt zubereitet und warm gegessen wird.

In Sizilien gibt es neben den offiziellen Feiertagen in fast allen Städten und vielen Dörfern zahlreiche kirchliche und weltliche Feste, die häufig einen heidnischen Ursprung haben und erst später als ‚sacre' ihre kirchliche Weihe erhielten. Die Mafiabosse nehmen an diesen volkstümlichen Festen sehr gerne teil. Sie vertiefen dabei die Beziehungen zu den Mitgliedern ihrer „Familie", vergeben unauffällig neue „Aufträge" und freuen sich über ihre gemeinsamen Erfolge.

Folgende Auswahl gibt einen Überblick über wichtige kulinarische Feste auf Sizilien:

Januar

6. Januar: „Sagra della Ricotta" in Sant'Angelo Muxaro (AG):
Auf der Piazza gibt es Schafsricotta mit ‚muffoletti'. Das sind traditionelle runde Brötchen mit ‚latri', einer Molkenspezialität.

Februar

Im Karneval: „Sagra dei Cavatieddi" in Palazzolo Acreide (SR):
Während der Maskenumzüge verzehrt man ‚cavatieddi'. Das ist ein Pastagericht mit Bratwurst und Schweinefleischsauce.

Im Karneval: „Sagra della Salsiccia" in Chiaromonte Gulfi (RG):
Bei Umzügen wird der Rosenmontag u. a. mit einem großen Fest der Würste gefeiert.

März

19. März: „I Pani di Salemi" (TP):
Zum Fest des Heiligen Josef bereiten die Einwohner der Stadt Mahlzeiten zu, die sie, als Maria und Josef verkleidet, armen Leuten schenken.

April

Im Laufe des Monats: „Sagra del Carciofo" in Niscemi (CL):
Niscemi gehört auf der Insel zu den Artischockenzentren. Das wird mit einem großen Markt und Theateraufführungen gefeiert. Die Besucher bekommen Artischockengerichte und lokale Weine.

25. April: „Sagra dell'Agnello Pasquale" in Favara (AG):
Das ‚agnello pasquale', das „Osterlamm", ist ein typisch sizilianisches Gebäck. Aber nur in Favara besteht es aus Mandelteig mit Pistazienfüllung und Puderzucker.

Mai

Im Laufe des Monats: „Sagra della Nespola" in Trabia (PA):
In Trabia wachsen große Mispelsträucher, die auf Sizilien als Kernobstbäume gezogen werden. Die Produkte aus den Früchten feiern die Einwohner der Stadt mit Volkstänzen. Gäste erhalten ein Mispelpäckchen mit der Marke „Nespola".

Juni

In der ersten Juniwoche: „Sagra delle Fragole e dei Frutti di Bosco" in Maletto sull'Etna:
Die Einwohner von Maletto feiern mit einer 1000 Kilogramm schweren, mit Erdbeeren verzierten Sahnetorte ihren Ort, der durch hervorragende Beeren auf der Insel berühmt wurde.

Juli

In der ersten Juliwoche: „Inycon – Menfi e il suo vino" in Menfi (AG):
Dieses Fest verdankt seinen Namen der antiken Stadt Inycon. Es ist den edlen Weinen der Umgebung gewidmet, die man in alten Höfen und engen Gassen der Stadt verkostet.

August

Im Laufe des Monats: „Sagra dei Maccheroni" in Librizzi (ME):
Drei Tage lang werden auf der Piazza die frisch gekochten Makkaroni gefeiert - mit viel Unterhaltung und einem großen Feuerwerk.

Im Laufe des Monats: „Sagra della Provola e della Ricotta" in Floresta (ME):
Wenn die Schafshirten ihre Herden von den Ebenen in die Umgebung von Catania in die Berge treiben, gibt es auf der Piazza und in den Nebenstraßen Käse, den lokalen ‚provola', der sehr intensiv schmeckt.

14. August: „Sagra del Granoturco" in Antillo (ME):
Am Vorabend des Festes „Mariä Himmelfahrt" werden überall in der Stadt einheimische Produkte angeboten, vor allem gekochter oder gegrillter Mais, Bratwurst, Spanferkel und hausgebackenes Brot.

Im Laufe des Monats: „Sagra del Tortone" in Sperlinga (EN):
In jedem Jahr erinnert man sich an das beschwerliche Landleben von früher. Dazu gehört ‚tortone', ein Gebäck aus Hefeteig und Olivenöl, reichlich mit grobkörnigem Zucker bestreut.

Im Laufe des Monats: „Sagra del Pesce" in Pazzallo (RG):
In einer riesigen Pfanne werden zentnerweise Tintenfische und Riesengarnelen gebraten. Sie werden mit Wein und Salat an die Gäste verteilt, von Orchestermusik begleitet.

September

Im Laufe des Monats: „Sagra della Frittula" in Librizzi (ME):
‚Frittule' sind Schweineschwarten, die in einem großen Kupferkessel mit Innereien des Schweins gekocht werden. Während des Festes werden sie den Besuchern mit zerdrückten Oliven und Rotwein angeboten.

Im Laufe des Monats: Cuscusu- (Couscous)-Fest in San Vito Lo Capo (TP):
Bei diesem weit über Sizilien hinaus bekannten Fest wetteifern Starköche um den besten ‚cuscusu'.

In der vierten Septemberwoche: „Sagra del Pistacchio" in Bronte (CT):
Die Pistazie gilt als das „grüne Gold" des Ätna und des gesamten Umlandes. Ein Wochenende steht ganz im Zeichen von Süßigkeiten, bei denen Pistazien verwendet werden.

Oktober

Im Laufe des Monats: „Sagra del Fico d'India" in Roccapalumba (PA):
Drei Tage lang wird die Kaktusfeige mit Musik und Tänzen gefeiert. Jeder Besucher des Festes kann ihre vielfältige Verwendung kennen lernen – von Kaktussenf über Kaktusplätzchen bis zum Kaktuslikör, dem ‚ficodi'.

Im Laufe des Monats: „Sagra del Miele" in Sortino (SR):
An zahlreichen Verkaufsständen werden verschiedene Honigsorten der unmittelbaren Umgebung angeboten, z. B. Thymian-, Eukalyptus-, Zitrushonig usw. Den Rahmen zu diesem Fest bilden folkloristische und musikalische Abende.

November

1. November: „Sagra della Vastedda" in Capaci (PA):
‚Vastedda', ein rundes Brot mit Anchovis und Käse (‚Caciocavallo'), wird in der Umgebung von Palermo traditionell an Allerheiligen verkauft. Mit dieser Spezialität erinnert man sich an die in früheren Zeiten steinigen und weiten Wege zu den Bergfriedhöfen.

Dezember

13. Dezember: „Sagra della Cuccia" in Paceco (TP):
Das „Schiff der göttlichen Vorsehung", das Wahrzeichen des Festes der Heiligen Lucia, wird auf einem geschmückten Wagen durch die Stadt gezogen. Dabei verteilt man die ‚cuccia', eine für die Region typische Suppe mit Kichererbsen.

Im Laufe des Monats: „Sagra della Patacò" in Licodia Eubea (CT):
Auf der Piazza wird ‚patacò' als Kostprobe angeboten. Dieses Gericht aus Platterbsenmehl wird wie eine Polenta als Brei oder gebraten gereicht. Dazu spielen Musikkapellen.

Es gibt keinen Ort auf Sizilien, der bei Festen und Feiern nicht mit einer typischen Süßigkeit überrascht. Um nur einige Beispiele zu nennen: die „aranciata" von Modica, die „pignoccata" von Messina, der „Türkenkopf" von Castelbuono, die „Totenknochen" von Sciacca und eine spezielle Käsetorte von Polizzi.

An allen Festtagen trifft man sich in den Großfamilien zu üppigem Essen mit üppigen Desserts. Die ‚cassata alla siciliana' gilt als Ostergenuss schlechthin. Erfunden wurde sie von den Arabern, die Sizilianer verfeinerten sie. Der Boden besteht aus Biskuitteig, Marzipan und einer Ricottacreme, die mit Zimt, Vanille, Schokolade und Pistazien verfeinert wird. Darauf kommen ein bunter Zuckerguss und kandierte Früchte.

‚Cuccia', ein Kuchen arabischen Ursprungs, hat auf Sizilien die Bedeutung einer kirchlichen Opferspeise. Man bäckt ihn am 13. Dezember, dem Festtag der Heiligen Lucia. Sie errettete der Legende nach Palermo aus einer schrecklichen Hungersnot.

Das Mandelblütenfest in Agrigento, in Sant'Agata und im Valle dei Templi, la „Sagra del mandorlo in fiori", zeigt, wie sehr Mandeln in der Küche Siziliens geschätzt werden. ‚Cobaita', ein Gebäck mit Mandeln, Sesam und Honig, ist auf der ganzen Insel beliebt. Das Volksfest zu Ehren der Mandeln dauert drei Tage: vom 3. bis 5. Februar.

Der Mandelteig – er geht auf die Zeit der Sarazenen zurück – gilt auf Sizilien als Krönung der Backkunst. Deshalb wird er auch „Königsteig" genannt. Die gekochten, geschälten und zerkleinerten Mandeln werden mit Eiklar, Honig, Traubenzuckersirup, etwas Zimt und Orangen-, Zitronen- oder Mandarinenaroma zu einem Teig verarbeitet und dann zu Plätzchen geformt. Sie sind in den Sommermonaten heiß begehrt. Die Mafiosi sind wie alle Sizilianer Schleckermäuler.

Wie schon bei dem Namen zu entnehmen ist, ist das Gericht Couscous (sizilianisch: ‚cuscusu') arabischen Ursprungs. Es ist die einfachste Form einer Pasta. Es handelt sich um kleine Bällchen aus Hartweizengrieß, die in Wasser oder einer Brühe gekocht werden. Couscous ist vor allem in der Region um Trapani als Basis für eine Fischsuppe beliebt. Man würzt auf Sizilien alle Couscousgerichte mit wildem Bergfenchel.

‚Sciuma', Schaum, so heißen auf Sizilien die hauchdünnen Spaghetti, poetisch auch Engelshaare, ‚capelli d'angelo' genannt. Sie werden immer mit leichten Saucen oder in der Suppe gegessen. Mit diesen „Engelshaaren", gebraten und mit Honig überstrichen, bereitet man eine zarte Süßspeise zu, die ‚sciuma cu meli', eine Mousse mit Honig.

Sizilianische Teigwaren sind von hervorragender Qualität. Die Sizilianer nehmen für sich in Anspruch, die Makkaroni erfunden zu haben. Eine der beliebtesten Spezialitäten der Insel ist die ‚pasta con le sarde', Makkaroni mit gesalzenen Sardellen, gebratenen Sardinen, wildem Bergfenchel, Rosinen und Pinienkernen. Ein üppiges Pastagericht, das bei Fremden nicht immer das gleiche Entzücken hervorruft wie bei den Einheimischen! Äußerst wohlschmeckend dagegen – auch für nordeuropäische Gaumen – ist die ‚pasta 'ncaciata', überbackene Makkaroni mit einer delikaten Füllung von Hühnerleber, Kalbfleisch, Gemüse und Salami in einer Hülle von gebratenen Auberginenscheiben.

Es gibt eine einzigartige Nudelsorte, die nur auf der Insel gegessen wird: ‚anelletti siciliani'. Es handelt sich dabei um kleine Pastaringe, die man nirgendwo sonst als nur auf Sizilien kaufen kann. Aus den ‚anelletti siciliani' bereitet man ein Gericht, das ein wenig an Lasagne erinnert. Das Rezept: In eine Auflaufform gibt man Hackfleisch wie für Spaghetti Bolognese. Darüber werden in Lagen übereinander geschichtet: Anelletti, al dente gekocht, Erbsen, gebratene Auberginen, Mozzarella, gekochter Schinken, manchmal auch in Scheiben geschnittene gekochte Eier und Bechamelsauce. Hier können sich die Geister trefflich um den Geschmack streiten.

Thunfisch, Schwertfisch und Sardinen sind die beliebtesten Fische auf Sizilien. Eine Fülle von traditionsreichen Rezepten variiert das Thema „Fisch" in verschiedenen Zubereitungsarten. Man bringt die Fische gegrillt, gesotten, gedämpft, paniert oder frittiert auf den Tisch oder bereitet sie in einer herzhaften Sauce zu. Aber auch im Terrakottatopf, auf Pergamentpapier, in der Salzkruste oder im Backofen gelingen sie vorzüglich. Die Sizilianer wissen gut Bescheid: Am besten schmecken die Fische, wenn sie im Ganzen zubereitet werden. Zu den wohlschmeckendsten gehören:

Seebarsch („branzino'), Steinbutt („rombo'), Zahnbrasse („dentice'), Goldbrasse („orata'), Seeteufel („rana pescatrice'), Wolfsbarsch („spigola') und Seebarbe („triglie'). Manchmal heißt es: Die Sizilianer essen alles, was sich im Meer bewegt.

Zu den bekanntesten ‚frutti di mare' in Sizilien gehören: Languste („aragosta'), Hummer („astaco'), Tintenfisch („calamari'), Kammmuschel („cappesante'), Heuschreckenkrebs („canocchia'), Miesmuschel („cozza'), Krebs („gambero'), Garnele („granchio'), Meerspinne („grancevola'), Krabbe („granchio'), Auster („ostrica'), Seepolyp („polipo'), Seeigel („riccio di mare'), Langustine („scampi'), Tintenfisch („seppia') und Venusmuscheln („vongole').

Die traditionelle Fischsuppe („cacciucco', ‚burrida' oder ‚brodetto') wird in jeder Region anders zubereitet. Verwendet wird alles, was nicht anderweitig gebraucht werden kann – von Tintenfischen über verschiedene Fischarten bis hin zu Miesmuscheln und sogar Schnecken. Das Ganze kommt zusammen in einen Topf und wird mit Kräutern, Paprikaschoten und Tomaten kräftig gewürzt.

Der Reichtum an phantasievollen Bezeichnungen für die Pasta scheint unerschöpflich. Und jährlich kommen neue Sorten hinzu. Die Nudel ‚marille' ist von Giugiaro, dem in Italien führenden Autodesigner, entworfen worden.

In Italien soll es bis zu 300 Pastasorten geben. Wie in ganz Italien weiß man auch auf Sizilien, dass jede Pastaform ihren dazu passenden Saucenbegleiter hat. Denn die Form der Nudel, z. B. Orechiette, Pappardelle, Pici, Linguine, Maccheroni usw. beeinflusst ihren Geschmack. Je nach der Oberfläche der Nudel verteilen sich Sauce oder Olivenöl anders. Zu den Pastagerichten gibt es Fisch- oder Gemüsesaucen oder Ragouts. Zu einer schmackhaften Pastasauce gehören Wurzelgemüse, Fleisch oder Fisch, Kräuter, Wein oder Brühe und Tomaten. Als Faustregel gilt in der sizilianischen Küche: Kräftigere Pastas brauchen gehaltvollere Saucen. Je feiner und dünner die Pasta, desto dezenter soll ihr „Begleiter" sein.

Auch die beste Sauce kann ihren vollen Geschmack nur dann entfalten, wenn die Pasta richtig gekocht wurde. Unabhängig davon, für welche Form die Entscheidung fällt, ob ‚pasta secca' (getrocknete Nudeln) oder ‚pasta fresca all'uovo' (frische Eiernudeln), es kommt auf den richtigen Biss, auf ‚al dente' an.

Jede Landesküche hat ihre eigene, typische Kombination von würzigen Zutaten. Dabei spielen nicht nur die natürliche Vegetation, sondern auch die regionalen Lebensmittel und die kulinarische Tradition eine Rolle. Mit Indien verbinden wir aromatischen Curry, Raz-el-Hanout entführt uns in die geheimnisvolle Welt Marokkos und die chinesische Küche ist ohne ihr „Fünfgewürzpulver" kaum denkbar.

In der sizilianischen Küche spielen Kräuter und Gewürze eine wichtigere Rolle als in Norditalien. Zum Würzen dient Salz, kaum Pfeffer. In der Regel werden Gewürze mit intensivem Aroma, fein gehackte Kräuter und wohlschmeckende Zutaten wie Pilze, Pistazien und Pecorino verwendet. Häufig greift man zu wild wachsenden Kräutern, Wildsalaten und verschiedenen Wildgemüsearten, z. B. grüner Minze, Thymian, Oregano, Rosmarin, wilden Artischocken, wildem Bergfenchel, wildem Spargel, wildem Mangold usw. Erfahrene Köche und Köchinnen wissen: Die getrockneten Kräuter haben ein stärkeres Aroma als die frischen. Deshalb benötigt man bei getrockneten Kräutern nur ein Drittel der Menge. Die getrockneten Kräuter entfalten ihr volles Aroma erst richtig beim Kochen, was bei den frischen Kräutern nicht der Fall ist. Günstig ist es, die frischen Kräuter erst gegen Ende der Kochzeit hinzuzufügen. Im Folgenden werden die wichtigsten sizilianischen Kräuter und Gewürze in einem kurzen Überblick dargestellt:

- Mit den kleinen, grünen Knospen des Kapernstrauchs kann man einem Gericht auf die schnelle Art einen kräftigen, strengen Geschmack geben.

- Fenchel ist ein leicht nach Anis schmeckendes Gemüse. Seine Samen verwendet man für gekochte Kastanien und zu Fleischgerichten. Das Fenchelkraut hingegen gibt dem Fischsud oder frischen Salaten, wenn es in geringen Mengen verwendet wird, eine besondere Würze.

- Minze schmeckt, wie der Name bereits sagt, nach Pfefferminze und gehört in so manche Tomatensuppe. Sie entfaltet ihr Aroma am besten in Verbindung mit Lamm- und Hammelfleisch. Minze eignet sich aber auch zum Würzen von Artischocken.

- In Sizilien würzt man mit Oregano, der wild in den Bergen wächst, bevorzugt Tomatengerichte. Aufgrund seines Gehaltes an Bitterstoffen macht er fette Speisen bekömmlicher. Oregano schmeckt frisch, aber auch getrocknet erhält er Duft wie Geschmack.

- Lorbeerblätter gehören auf Sizilien zu den meistverwendeten Kräutern. Sie sollten immer frisch gepflückt sein.

- Safran wird in Sizilien sehr geschätzt, auch wenn er sehr teuer ist. Er riecht kräftig und schmeckt würzig-bitter. Er ist vor allem bei Risotto, Fischsaucen oder Suppen beliebt. Winzige Mengen reichen für Fisch-, Geflügel- und Rinderschmorgerichte und Tomatensaucen aus. Safran sollte man am besten in Fäden kaufen, vor dem Gebrauch im Mörser zerkleinern und in wenig warmem Wasser auflösen, damit sich das Aroma voll entfaltet.

- Pfefferschoten bzw. Chilischoten, in Italien Peperoncini genannt, werden in der sizilianischen Küche reichlich verwendet. Schon ein kleines Stück einer Pfefferschote kann ein Gericht entscheidend verändern. Viele Rezepte auf der Insel verlangen Pfefferschoten. Trotz ihrer Schärfe werden sie auch als Zutat für Salate verwendet, allerdings mariniert. Die grünen und roten Schoten aus der Paprika- oder Capsicumfamilie sind im Handel frisch, getrocknet oder gerieben als Gewürz erhältlich. Es gibt milden bis äußerst scharfen Peperoncino. Den ‚peperoncino piccante' nennt man auch ‚diavoletto', „Teufelchen". Viele Sizilianer halten schwarzen Pfeffer für ungesund und würzen ihr Essen mit scharfem Peperoncino.

- Keine andere Basiszutat bringt ein so spezifisches Aroma in ein Gericht wie die Anchovis. Je fleischiger die Art, umso reicher und runder ist ihr Geschmack. Für die cremige, braune Basis einer Pastasauce können sie einfach und schnell in Olivenöl und Knoblauch aufgelöst werden. Die kräftigen Anchovis lösen bei jedem Gericht eine Geschmacksexplosion aus.

- In Sizilien erfreut sich der ‚pecorino' als Würzmittel großer Beliebtheit. Dieser harte Käse wird aus Schafmilch hergestellt und schmeckt ähnlich wie Parmesan, aber schärfer und würziger. Weitere Käsesorten, die zum Würzen herangezogen werden, sind: ‚caciocavallo', ‚fontina', ‚ricotta', ‚scamorza', ein unausgereifter Käse, und ‚provolone', ein angeräucherter Käse.

- In vielen Risotti, in Lasagne, in Pastasaucen, in Füllungen für einige Gemüsesorten, bei Geflügel und Tintenfisch kommt das intensive Aroma von Steinpilzen stark zur Wirkung. Selbst wenn es frische Steinpilze gibt, sollte man getrocknete Steinpilze (‚funghi porcini') nehmen. Beim Trocknen konzentriert sich nämlich der moschusartige, erdige Duft in einer

Weise, wie ihn frische Steinpilze nie erreichen.

- Eine besondere Stellung in der „Haute Cuisine" der sizilianischen Küche nehmen die weißen Trüffel als wohlschmeckendste Zutat ein. Sie gehören zu den teuersten Delikatessen der Welt. Paolo Guardini, „Trüffelkönig" genannt, sagt: „Eine Portion von 20 g bis 30 g reicht für ein Essen von zwei Personen." Man reibt sie mit einem Trüffelschaber über verschiedene Gerichte, insbesondere über Risotto, Pasta und Steakscheiben. Die beste Methode, den wahren, reinen Geschmack der weißen Trüffel zu genießen, ist, sie einfach über einen Teller Rührei zu geben. So lieben sie auch die Mafiabosse. Nützliche Hinweise gibt das Buch von Constanze Neumann: Gebrauchsanweisung für Sizilien, München 2005.

- Als weitere Zutat verwenden die Sizilianer sehr gerne Pistazien. Im 9. Jahrhundert brachten die Araber die ersten Pistazienbäume auf die Insel. Auf den besonderen Böden in Verbindung mit dem Klima wachsen einzigartige smaragdgrüne Pistazien, welche die Küchenchefs aller Welt sehr schätzen. Mit Pistazien bereiten Konditoren wohlschmeckende Köstlichkeiten zu, z. B. ‚filette', eine Art Löffelbiskuit, oder ‚croccanti' (Pistazienkrokant).

- Wenn es ein „Leitgemüse" auf Sizilien gibt, dann sind es die Auberginen: in Scheiben oder Würfeln frittiert, mariniert und auf dem Grill geröstet, überbacken und in Tomatensauce geschmort. Größter Beliebtheit erfreut sich auf der Insel auch der Staudensellerie. In Deutschland wird dieses süßlich-aromatische Gemüse auch Bleich- oder Stangensellerie genannt. Seine Blätter verwendet man gerne als Würzkraut. Die Stängel gibt man roh an Vorspeisen und Salate.

> „Die Entdeckung eines neuen Gerichtes
> macht die Menschheit glücklicher
> als die Entdeckung eines neuen Sterns."
>
> (Jean Anthelme Brillat-Savarin)

3. Schlemmen wie die Götter

Die Küche Siziliens zeichnet sich durch Unverfälschtheit der Zutaten, Phantasie und Abwechslungsreichtum aus. Die ‚cucina siciliana' vereint mediterranes Gemüse, Obst, Fisch, Fleisch und Käse mit den Gewürzen Nordafrikas und des Nahen Ostens. Sie lebt von Olivenölen bester Qualität und hervorragenden exotischen Zutaten wie Safran, Kapern, Pistazien, Anchovis, frischer grüner Minze, Peperoncino, Pinienkernen, Kaktusfeigen usw. Die Süßspeisen der Insel gehören zu den gehaltvollsten und buntesten in Europa. Nicht von ungefähr genießen die sizilianischen Desserts Weltruhm. Auf der Insel wurde übrigens das Zitroneneis erfunden.

Das Bergland von Sizilien ist für seine vorzüglichen bäuerlich schlichten Gerichte bekannt. Häufig werden Innereien verwendet, die einst nur Schafhirten, Knechten und Mägden vorgesetzt wurden. Die heimischen Zutaten wie z. B. der wilde Bergfenchel und die Früchte des Kapernstrauches werden sehr gerne verarbeitet.

Während auf der Insel Garmethoden und Ingredienzien von Region zu Region variieren, gelten überall dieselben Leitprinzipien: Die Rezepte sind möglichst einfach und es kommen nur die besten, frischesten Zutaten zur Verwendung. Ohne Übertreibung kann man von einer Küche sprechen, die stark von Kräutern bestimmt ist.

Die Freude am guten Essen wird durch kein Kalorienzählen getrübt. Man kocht ohne tierische Fette. Alle Nahrungsmittel sind von hohem biologischem Wert. Mit entscheidend ist, dass das Essen in den Restaurants ohne Hast, in Ruhe und bei angenehmen Gesprächen eingenommen wird. Besonders gut schmeckt es natürlich zu Hause, wo das gemeinsame Essen traditioneller Bestandteil des Familienlebens ist und in früheren Zeiten Höhepunkt des Tages war.

Immer noch gehört das Essen zum sizilianischen Leben schlechthin. Bis heute gilt das alte Sprichwort: „Satt und zufrieden lässt sich vieles vergeben, doch auf leeren Magen bleibt nichts unvergessen."

Manchmal ist die Zeit der Familie auf Sizilien zu knapp, um Stunden über Stunden mit der Zubreitung von Speisen zu verbringen. Aber es gibt auf der Insel viele Feierlichkeiten, viele Festtage, an denen noch immer traditionell aufgekocht wird. Dabei werden bis zu sechs Gängen serviert. Sizilien wird nie seine Leidenschaft für gutes Essen verlieren.

Die Küche von Palermo gilt auf Sizilien als am raffiniertesten. Sie ist stark von arabischen Elementen beeinflusst. Viele Gerichte werden hier süßsauer zubereitet. In der benachbarten Stadt Trapani ist der Couscous, wie man ihn in Nordafrika kennt, ein häufiger Bestandteil der Mahlzeiten.

Die Führungspersönlichkeiten der Mafia genießen häufig auch außerhalb ihrer Familien in ausgezeichneten Restaurants die ‚cucina regionale', die im Wesentlichen ‚casalinga', d. h. hausgemacht ist.

Bei den Mahlzeiten gibt es zum Einstieg wie auf dem italienischen Festland Crostini oder Bruschette, Variationen von Weißbrot oder Bauernbrotscheiben. Das Brot sollte möglichst trocken, am besten vom Vortag sein und keine Luftlöcher aufweisen. Crostini und Bruschette werden mit Olivenöl in der Pfanne oder im Backofen geröstet, häufig auch mit Belag.

Nach dem Verzehr von Weißbrotscheiben folgen erst die Vorspeisen (‚antipasti'), der erste Gang (‚primo piatto'), der zweite Gang (‚secondo piatto') und zum Schluss das Dessert (‚dolce'). Weitere Gänge wie z. B. Obst (‚frutta') und Käse (‚formaggio') werden auf Sizilien häufig zusammen eingenommen.

Die sizilianischen Vorspeisen sind nicht zu verwechseln mit dem ‚entrée' der Franzosen, das eigentlich zu jeder Mahlzeit gereicht wird. Auf Sizilien gehören Vorspeisen eher zu besonderen Anlässen. Nicht selten werden sie so erweitert, dass sie zu einem Hauptgericht werden.

Ein Großteil der sizilianischen ‚antipasti' besteht aus Gemüsegerichten wie gebratenen, gegrillten und gefüllten Zucchini, Paprika, Tomaten usw. Fischantipasti sind of marinierte Anchovis, panierte oder überbackene Muscheln und Streifen von rohem Schwertfisch mit Zitronensaft. Oder es gibt ‚messeddu', luft- und sonnengetrocknete Tintenfischfilets, in dünne

Streifen oder Scheiben geschnitten. Beliebt ist auch ‚bottarga', gesalzener Tintenfisch- oder Meeräschenrogen, mit Olivenöl und Zitronensaft an gerichtet.

Beim ersten Gang herrschen auf der ganzen Insel Nudelgerichte vor. Reis ist wenig verbreitet und wird anders verwendet als in seinem Ursprungsland: Man nimmt ihn vor allem für Pasteten, Reisklöße oder Süßspeisen. Es ist allgemein bekannt, dass ein Sizilianer ohne einen Teller Pasta unglücklich ist. Zu den wichtigsten Nudelspezialitäten gehören ‚pasta alla Norma', ‚pasta ca muddica' und Pasta mit Sardellen.

Die ‚pasta alla Norma' erinnert an Vincenzo Bellini, den aus Catania stammenden Komponisten. Mit Rossini, der sein Vorbild war, und seinem Freund Donizetti beherrschte er mehr als zwei Jahrzehnte die Opernhäuser in Europa. Das nach seiner Oper benannte Nudelgericht kann mit Tomatensauce gewürzt, mit frischem Basilikum, Ricotta und vor allem frittierten Auberginen verfeinert werden. Die ‚pasta ca muddica' ist ein typisches Armeleutegericht, das mit Olivenöl, Knoblauch, Sardellen und gerösteten Semmelbröseln zubereitet wird.

Eine Pasta mit Sardellen ist eines der typischen Gerichte Westsiziliens. Spaghetti werden in Salzwasser mit wildem Bergfenchel gekocht und dann mit einer Sauce aus Sardellen, Anchovis, Pinienkernen, Zwiebeln und Rosinen verfeinert.

Auf den ersten Gang folgt der Hauptgang, der aus Fisch, Fleisch oder Geflügel bestehen kann, Wildbret ist auf der Insel selten. Fleisch, das es vor nicht allzu langer Zeit nur an Fest- bzw. Feiertagen gab, erscheint heute regelmäßig als Hauptgericht auf dem Speiseplan. In einem Restaurant müssen die Beilagen (‚contorni') gesondert bestellt werden.

Die traditionellen Fleischgerichte Siziliens verlangen lange Kochzeiten. Rindfleisch ist auf der Insel selten. Beliebt sind Lamm-, Huhn- und Kaninchengerichte. Zicklein ist eine Delikatesse! Raffiniert ist das Gericht „capretto a sciusciareddu". Das ist ein angeschmortes Zicklein, das in der Pfanne mit Tomaten, Spargelabschnitten und frittierten Artischocken gebraten wird. Vor dem Servieren erhält es einen Schleier aus geschlagenem Ei mit Pecorino und Petersilie. Kaninchen werden süßsauer gebraten, nachdem sie mit Zwiebeln und Lorbeerblättern in Rotwein mariniert wurden.

In den Küstenregionen wählt man beim Hauptgang in der Regel frischen Fisch. Er wird auf ganz Sizilien vorzüglich zubereitet. Thunfisch wird z. B. ‚al ragù' in Olivenöl mit Knoblauch und Minzblättern angebraten und mit trockenem Marsala abgeschmeckt. Dann wird alles mit einer Sauce aus Zwiebeln, Tomaten und Peperoni verfeinert. Am häufigsten gibt es Fischgerichte mit Sardellen oder Sardinen. Alle Schwarmfische sind im Mittelmeer weit verbreitet und auch am billigsten. So gibt es sogar Huhn mit Sardinen (‚ruspante alla sabinese').

Zur originalen Kochkunst Siziliens gehören Saucen. Der Reichtum an Saucen ist eines der wichtigsten Merkmale der traditionellen Küche. So findet man z. B. Minz-, Mandel-, Mohn- oder Sarazenensauce.

Wer irgendwo in Sizilien ein Restaurant besucht, wird von den Desserts (‚dolci') überrascht sein. Sie gehören zu den besten Italiens. Die Eistorte ‚cassata' ist natürlich am bekanntesten. Weit weniger bekannt sind die anderen komplizierten Rezepte für Süßes. Besonders schwierig ist die Zubereitung der ‚cuccia', die auf ein arabisches Rezept zurückgeht. Sie besteht aus lange gekochten, mit Honig versetzten Getreidekörnern, denen Ricottacreme, kandierte Früchte und Schokolade beigemischt werden. Wie die ‚cuccia' ist die ‚giuggiulena' ebenfalls arabischen Ursprungs. Sie ist ein Nougat aus Honig, Eiweiß und Zucker, mit Pistazien oder kandierten Orangen- bzw. Zitronenschalen gefüllt. Auch die ‚mostaccioli' sind arabischen Ursprungs. Sie werden aus einem Hartweizenteig mit gekochtem Traubenmost und Honig zubereitet und in speziellen Terrakottagefäßen getrocknet.

Zum Käse als Dessert! Siziliens Käsetradition geht bis auf die alten Griechen zurück. Von den Käsesorten sind die am schmackhaftesten, die aus der Region von Ragusa kommen. Bekannt sind der ‚caciovallo', der ‚pecorino' (nicht gereift oder mit Pfeffer) oder der frische, gesalzene ‚ricotta'.

Auf Sizilien wird zu einem guten Essen fast immer Wein getrunken. Zum Abschluss trinkt man in der Regel einen Espresso.

Treffen sich die Mafiabosse zu einem Essen, so gibt es vorab köstliche eisgekühlte ‚aperitivi', z. B. trinken sie mit Vorliebe einen ‚Bellini', ‚Negroni', ‚Punt e Mes' oder einen ‚Vermouth Rosso' oder ‚Cinzano Bianco'. Ein üppiges Essen beschließen sie mit einem ‚digestivo', einem Fernet Branca oder ‚Grappe di monovitigno', das ist ein meist würziger Grappa aus einer einzigen Traubenart. Beliebt ist auch der ‚caffè corretto' mit Grappa oder Cognac.

In Restaurants gibt es Mittagessen meist in der Zeit zwischen 12 Uhr und 16 Uhr. Das Abendessen besteht mindestens aus einem ‚primo piatto' und einem ‚secondo piatto'. Im Speiseangebot der Restaurants unterscheiden sich Mittag- und Abendessen kaum voneinander. Abends entscheiden sich die Mafiosi gerne für eine klassische ‚trattoria' oder ‚osteria'. Dies sind Familienbetriebe, in denen hausgemachte Pasta serviert wird.

Gutes Essen fängt beim Einkaufen an. Deshalb gehen Köche und Hausfrauen auf den Markt, prüfen, suchen, vergleichen und wählen schließlich die vorzüglichsten Lebensmittel aus dem Angebot aus. Gemüse muss frisch und knackig sein, Salat darf keine braunen Abschnittsflächen haben, die Haut der Hähnchen sollte straff über der Brust gespannt sein, die Kiemen der Fische sollen rot leuchten. Tiefkühlwaren und Fertigprodukte lehnt man ab.

Bei der Zubereitung von Speisen werden nur hochwertige Olivenöle verwendet. Wichtige Regeln beim Kochen lauten: Die Hitze unter dem Kochtopf sollte nie zu stark sein. Um schmackhaft zu garen, brauchen die Lebensmittel zwar eine gleichmäßige, jedoch keine übertriebene Hitze. Das für die Saucen geschnittene Gemüse darf in der Pfanne nicht geröstet werden. Es genügt, Tomaten, Fenchel, Zwiebeln usw. zusammen mit Kräutern auf kleiner Flamme zu dünsten, möglichst im eigenen Saft. Die sizilianischen Köche und Köchinnen benutzen in den Restaurants wie zu Hause den Backofen so oft wie möglich. Fleisch und Fische werden im Ofen schmackhafter als auf den Herdplatten. Gewürze und Kräuter werden erst im letzten Augenblick den Speisen beigefügt, sonst verlieren sie ihr Aroma.

Im Unterschied zu den Franzosen lieben es die Sizilianer, Lamm oder Wildgeflügel ganz durchzugaren. Um Wildgeflügel schonend zuzubereiten – das Fleisch soll saftig bleiben –, wird es mit reichlich Pancetta (Bauchspeck) umwickelt. Den spezifischen Kaninchengeschmack schätzt die sizilianische Küche nicht sonderlich. Deshalb werden die Kaninchen in Zitronensaft oder Rotwein eingelegt. Wild wird generell nicht lange abgehangen, sondern unmittelbar nach dem Erlegen zubereitet.

Hoch in den Bergen, südlich von Palermo, in San Martino delle Scale, liegen versteckt einige Villen der Mafiabosse. Im März dieses Jahres begleitete ich meinen Mafiafreund Felice in das Haus eines bekannten Clanchefs. Auf dem Rückweg in die Stadt gingen wir im benachbarten Monreale gegenüber der weltberühmten Kathedrale zum Mittagessen. Wir entschieden uns für folgende Gerichte:

Vorspeise („antipasto')

Überbackene Sardellen mit Orangenmarinade („alici all'arancia')

Erster Gang („primo piatto')

Ditali-Nudeln mit Blumenkohl und Schafskäse („pasta con il cavolfiore e la ricotta')

Zweiter Gang („secondo piatto')

Kalbsrouladen mit Artischocken („involtini di carciofi'), als Beilage Bohnensalat mit einer Kräuter-Sardellen-Sauce („fasoi in salsa')

Dessert („dolce')

Mandelsülze („biancomangiare')

Früchte („frutta')

Obstsalat („macedonia con frutta di stagione')

Zum Essen wählten wir einen bukettreichen Weißwein, einen Vecchio Samperi.

Das Essen beendeten wir mit einem „Amaro', einem Magenbitter. Dies ist ein sehr zähflüssiges Getränk mit dem süßbitteren Geschmack von Kräutern.

Das mehrgängige Menü mag manchem Leser sehr üppig erscheinen. Aber dabei ist zu bedenken: Alle Portionen sind auf Sizilien kleiner als auf dem italienischen Festland und in nord- bzw. westeuropäischen Ländern. Fleisch und Fisch werden in der Regel ohne Beilagen serviert, und das Essen zieht sich über mehrere Stunden hin.

"Es gibt kein Tafelvergnügen, wenn auch die Speisen noch so gut und alle Nebengerichte noch so exquisit sind, das uns befriedigt, wenn der Wein schlecht ist, … und das Mahl in Eile hinuntergewürgt wird."

(Jean Anthelme Brillat-Savarin)

4. Die Lieblingsgerichte großer Mafiosi

Wie aus der unten stehenden Übersicht zu entnehmen ist, kommen auf Sizilien die großen Mafiosi aus folgenden polizeibekannten Familien (vgl. Jahresbericht der Karabinieri):

Clan Cariolo:	Francesco Carbuscia, Marcello Idotta
Clan Alleruzzo:	Salvatore Pellegriti, Salvatore Sant'Angelo
Clan Costa:	Antonio und Salvatore Trovato, G. Battista Smedile, Nuzio Amante, Giuseppe Leo, Giovanni Morgante, Antonio Genovese, Stellario Carticiano, Antonio Cundari, Giovanni Carrolo
Clan Ingemmi:	Luigi Caputo
Clan Minore:	Mariano Minore
Clan Pillera:	Vittorio Salvatore, Pietro Privitera, Giuseppe Laudani, Paolo Di Mauro
Clan Santapaola:	Emilio Montauro

Die Mafiabosse aus diesen Familien, auf Sizilien ca. 6000 an der Zahl, gehören in den Restaurants der Insel zu den schwierigsten und anspruchvollsten Gästen. Es ist offensichtlich, weshalb! Niemand isst so gut wie sie. Im Folgenden werden Beispiele für ihre Lieblingsgerichte gegeben, Ergebnisse einer langfristigen, systematischen Dauerbeobachtung des Autors an folgenden Orten:

Erice, Alcamo, Monreale, Belmonte Mezzagno, Licatta, Mondello Valesi, Caronia, Milazzo, Galati Mamertino, Vigliatore, San Giovanni la Punta, Alcamo, Nota, Modica, Marina di Ragusa, Gela, Licata, Piazza Armerina, Canicatti, Porto Empedocle, Milena, Sutera, Enna, Nicosia, Gangi, Castelbuono, Villafrati, Sciacca, Menfi und Mazara del Vallo.

Meistens wurde der Autor von seinem „Mafiafreund" Felice begleitet. Vom 'Patrone' des jeweiligen Restaurants, von den Kellnern und den Köchen erhielt er wertvolle Informationen.

4.1 Beliebte Vorspeisen ('antipasti')

Antipasti als Vorspeisen zur Mahlzeit sollen den Appetit anregen, aber nicht sättigen. Sie sind deshalb in der Regel knapp bemessen und nicht zu fettreich. Wichtig ist, wie sie präsentiert werden. Sie sollen farblich harmonieren und auf die nachfolgenden Speisen abgestimmt sein.

Warme Vorspeisen wie Ragouts, Toasts, Soufflés und Suppen werden nur in Norditalien angeboten. Auf Sizilien werden in der Regel Platten mit kalten Antipasti gereicht. In den meisten Regionen verzichtet man im Alltag in den Restaurants und Familien gänzlich auf Vorspeisen. Traditionell werden auch in einfachen Familien an hohen Fest- bzw. Feiertagen vor dem ersten Gang pikante Kleinigkeiten, die beliebten 'stuzzicarelli', wie sie die Römer nennen, serviert.

Häufig sind es selbst eingelegte Köstlichkeiten wie marinierte Auberginen, Artischockenherzen, sauer eingelegte grüne Tomaten und Paprikaschoten, Ziegenkäse und Zwiebeln in Olivenöl, kombiniert mit Melonenspalten, Tomaten und Staudenselleriestangen. Die Mafiabosse wünschen sich aber wie die oberen Zehntausend anspruchsvolle, z. T. warme Vorspeisen, um nur einige Beispiele zu nennen:

alici all'arancia	Sardellen mit Oliven und Pinienkernen überbacken und mit Orangensaft
bottarga	gesalzener, luftgetrockneter Thunfisch- oder Meeräschenrogen mit Zitronensaft und Olivenöl
calamari neri *)	Tintenfische in schwarzer Sauce
caponata *)	süßsaures Auberginengemüse
carpaccio di rospo di mare	Carpaccio aus Seeteufelfilet
carpaccio di carne cruda *)	Carpaccio vom Kalbsfilet
cassola siciliana di pesce *)	Fischtopf aus Sizilien
insalata di canocchie	Salat mit Heuschreckenkrebsen

insalata di mare *)	Meeresfrüchtesalat
insalata di puru *)	Oktopussalat
insalata di tonno con fagioli bianchi *)	Thunfischsalat mit weißen Bohnen
pagnottine di Santa Chiara	Minipizzen Santa Chiara
potaggio	Artischockenherzen mit Erbsen und Saubohnen in Olivenöl gebraten
salsicce al marsala	Bratwürste mit Marsala-Kräuter-Sauce
sarde a beccafico	Sardinen mit Rosinen, Pinienkernen, Semmelbröseln, Anchovis und Zimt gefüllt, gebacken mit Zitronen- und Orangensaft
testa di maiale *)	Schweinskopf
zucchine ripiene *)	gefüllte Zucchini

Zu allen Gerichten, die mit einem *) gekennzeichnet sind, folgen im 6. Kapitel ausführliche Rezepte.

„Typisch italienische Küche kann einfach sein, aber sie ist immer frisch und aus dem Besten zubereitet."

(Daniela Borgnolo)

4.2 Beliebte Gerichte beim ersten Gang ('primo piatto')

In den Restaurants auf Sizilien werden nach der Vorspeise fast immer Pastagerichte bestellt.

2002 befragten einheimische Touristikmanager 29 Besitzer von führenden Restaurants nach dem beliebtesten Gericht der Besucher. An erster Stelle wurde ‚pasta con le sarde' genannt, ein Nudelauflauf aus Makkaroni, Sardinen, Sardellen, Pinienkernen, Sultaninen, Zwiebeln, wildem Bergfenchel und mit gerösteten Mandeln bestreut. Dabei liebt die Region um Palermo, stärker arabisch beeinflusst, einen intensiveren Geschmack und generell mehr süß-salzige Kombinationen als andere Orte an der Küste.

Unter den zahllosen Nudelsorten bzw. Teigwaren (siehe Anhang) gibt es die unterschiedlichsten Bezeichnungen für die gleiche Art. Die Namen wechseln je nach Region. Bisweilen wissen die Sizilianer selbst nicht immer, um welche Nudelform es sich handelt. Berühmte Köche zerbrechen sich den Kopf über die ‚Idealnudel', die besonders viel Sauce aufnehmen kann.

Die ‚Fusilli', die ‚Korkenziehernudeln' werden sehr geschätzt, vor allem in Röhrenform. Sie lassen sich mit vielerlei Saucen kombinieren, z. B. auf der Basis von Fleisch, Tomaten und Ricotta. Die ‚maccheroni', die Makkaroni, dicke, aber auch kurze Röhrennudeln, werden gerne in Aufläufen serviert, weil sie so am besten die Saucen aufnehmen.

Bis vor geraumer Zeit war es in jedem sizilianischen Haushalt üblich, die Nudeln selbst herzustellen. Heute gibt es in den Supermärkten Nudeln jeglicher Art zu kaufen. Doch selbst gemachte Nudeln schmecken einfach besser. Das Wissen um die ‚pasta fatta in casa', die hausgemachte Pasta, vererbt sich von Familie zu Familie weiter. Sie braucht zwar viel Zeit, kommt aber an Sonn- und Feiertagen immer noch auf den Tisch, auch in den meisten Restaurants. Hier wählt das exklusive Publikum, darunter die Repräsentanten der regionalen Mafia, mit Vorliebe gefüllte Nudeln,

z. B.: Makkaroni mit Lammragout ('maccheroni con guazzetto di ciavarre') oder Rigatoni mit Pökelzunge ('rigatoni con lingua salmistrata'). In Messina enthalten die Saucen oft Schwert- oder Thunfisch, und bisweilen bekommt man Tintenfisch in der eigenen Sauce serviert.

Für den Teig werden als Gewürz häufig Rosmarinnadeln, Peperoncini, Muskatnuss und Safran verwendet. Als weitere Zutaten sind frisch geriebener Pecorino (auf dem italienischen Festland Parmesan) und grob gehackte Pinienkerne beliebt. Im folgenden Teil werden Gerichte aufgezählt, wie sie die Mafiabosse in gehobenen Restaurants oder in ihren Großfamilien beim 'primo piatto' wählen:

broccoli alla siracusana	Broccoli mit Sardellen und Oliven, mit Käse überbacken
bucatini al tonno *)	Bucatini-Spaghetti mit Thunfischsauce
cannelloni alla siciliana	Nudelröllchen auf sizilianische Art
frittata campagnola *)	Bauernomelette
fusilli con salsiccia *)	Fusilli-Spaghetti mit Wurst
grassatu	Ragout aus gewürfeltem Ziegenfleisch und Kartoffeln
linguine alle vongole *)	Bandnudeln mit Venusmuscheln
maccheroni alla marinara	Makkaroni mit Sauce aus Tomaten, Oliven und Kapern
melanzane alla leccese	überbackene Auberginen, gefüllt mit Tomaten, Kapern, Oliven und Sardellen
minestra con le castagne *)	Kastaniensuppe
pasta al sugo d'agnello *)	Nudeln mit Lammragout
pasta alla Norma *)	Spaghetti Norma
pasta cu i ammari *)	Spaghetti mit Krebsen
pasta cu i linticchia *)	Ditalini-Nudeln mit Linsen
pasta cu i vrocculi arriminati	Nudeln mit Blumenkohl

pasta 'ncaciata al forno	Makkaroniauflauf mit Auberginen
pasticcio di agnello al forno	im Ofen überbackene Lammpastete
pasticcio di lasagne al ragù di pesce spada	Lasagne mit Schwertfischragout
polpetti in salsa di pomodori *)	Polypen mit Tomatensauce
rigatoni al ragù di agnello	Rigatoni mit Lammfleischsauce
risotto con carciofi *)	Risotto mit Artischocken
scacciata *)	Auflauf mit Käse, Oliven und Sardellen
spaghetti alle erbe selvatiche	Spaghetti mit wilden Kräutern
spaghetti alla puttanesca *)	Spaghetti nach Art der leichten Mädchen
zuppa alla tarantina	Muschelsuppe mit Tintenfisch, Scampi und Tomaten
zuppa di pesce alla mafiosa *)	„Mafiasuppe"

Zu allen Gerichten, die mit einem *) gekennzeichnet sind, folgen im 6. Kapitel ausführliche Rezepte.

> „Für Fleisch nehme ich meistens ein sehr aromatisches Öl, das stark im Geschmack ist, z. B. das sizilianische Öl."
>
> (Daniela Borgnolo)

4.3 Beliebte Gerichte beim zweiten Gang ('secondo piatto')

Fleischgerichte gehören wie Fischgerichte zu den ‚secondi', zum 2. Gang. Auch hier wartet Sizilien mit Überraschungen auf, die ihresgleichen suchen.

Die kulinarischen Traditionen sind in Italien sehr verschieden. In der Poebene, die an Weideland reich ist, gibt es köstliche abwechslungsreiche Rind- und Schweinefleischgerichte. Für Mittel- und Süditalien gilt dies weit weniger, und auf Sizilien ist Rindfleisch selten.

Vielfältiger sind im Süden Italiens, besonders auf Sizilien, die Geflügelgerichte. Der langen Tradition der hauseigenen Geflügelzucht verdankt die italienische Sprache viele Fachausdrücke, welche Qualität und Alter des für die Küche bestimmten Federviehs genau bezeichnen: ‚pollo' (Huhn), ‚pollo novello' (junger Hahn), ‚pollastra' (Hühnchen), ‚galletto' (Hähnchen), ‚gallinella' (Poularde), ‚gallina' (Suppenhuhn) oder ‚cappone' (Kapaun).

Bei der Zubereitung von Geflügel ist die reichhaltige Verwendung von frischen Gewürzkräutern üblich, aber auch von bestimmten Gemüsesorten wie z. B. frischem Bergfenchel. Für die Zubereitung von Kaninchen, die man sich auf dem Land vielfach im Garten hält, gelten dieselben Zutaten wie für Geflügel. Gerne verwendet man Tomaten, Staudensellerie und Oliven.

Frisch gejagtes Wildgeflügel gibt es auf Sizilien kaum. Die beliebten Perlhühner, Wachteln und Fasane kommen aus Zuchtbetrieben. Der strenge Wildgeschmack, der so genannte Hautgout, wird heute nicht mehr gewünscht. Marinaden, in die nach Belieben Rotwein, Kräuter und Gewürze kommen, mildern ihn ab. Die Verweildauer im Kühlschrank kann bis zu 24 Stunden betragen. Freilich kann ein Zuviel an Gewürzen leicht den Eigengeschmack des Geflügels überdecken.

Generell dominiert auf Sizilien der Fisch. Die meisten Städte liegen am Meer. Deshalb werden auf den Märkten und in den Restaurants fast täglich folgende Fischarten angeboten:

branzino	Seebarsch
cefalo	Meeräsche
dentice	Zahnbrasse
merlano	Merlan
merluzzo	Kabeljau
nasello	Seehecht
ombrina	Umberfisch
orata	Goldbrasse
pesce persico	Barsch
pesce serra	Blaufisch
pesce spada	Schwertfisch
rana pescatrice	Seeteufel
razza	Rochen
ricciola	Amberfisch
rombo	Steinbutt
rospo	Seeteufel
sardina, sarda	Sardine
sgombro	Makrele
sogliola	Scholle
spigola oder branzino	Wolfsbarsch
tonnetto	Makrelenthunfisch
tonno	roter Thunfisch

Eine der beliebtesten Zubereitungsarten für Fisch ist ‚al verde', d. h. mit viel Petersilie und Knoblauch. Der bedeutende arabische Einfluss in der sizilianischen Küche zeigt sich von Palermo bis Marsala. Fisch wird hier traditionell mit Rosinen und Pinienkernen zubereitet. Zu den wohlschmeckenden Fischen gehören: Seebarsch, Zahnbrasse, Goldbrasse, Seeteufel, Wolfsbarsch und Seebarbe.

Manchmal heißt es: Die Sizilianer essen alles, was sich im Meer bewegt. Für 'frutti di mare' (Schalentiere und Meeresfrüchte) mag das sicher zutreffen. Mit Vorliebe werden sie als 'antipasti' serviert. Zu den bekanntesten 'frutti di mare' gehören:

aragosta	Languste
astice	Hummer
calamari	Tintenfische
cappesante	Kamm-Muschel
canocchia	Heuschreckenkrebse
cozze	Miesmuschel
gambero	Krebs
granchio	Garnele
grancevola	Meerspinne
granchio	Krabbe
ostrica	Auster
polipo	Seepolyp
riccio di mare	Seeigel
scampi	Langustine
seppia	Tintenfisch
vongole	Venusmuschel

Wenn im Folgenden Fleisch- und Fischgerichte aufgezählt werden, die bei Mafiabossen beliebt sind, dann verdankt sie der Autor seinen Freunden Felice aus Cefalù und Giovanni aus Syrakus.

agneddu agglassatu *)	Lammragout
agneddu furnatu *)	Lammschulter auf sizilianische Art
agnello alle erbe	Milchlamm mit Kräutern
agnello spezzato	Lammragout
baccalà al forno *)	Stockfisch im Backofen
cassola siciliana di pesce *)	Fischtopf aus Sizilien
capretto al forno *)	Zicklein aus dem Ofen
cefalo su verdura *)	Meeräsche im Gemüseblatt
coniglio con caponata di melanzane	Kaninchen mit geschmorten Auberginen
coniglio in agrodolce	Kaninchen süßsauer
coscia d'agnello al forno	im Ofen gebackene Lammkeule
costata di vitello in agrodolce	Kalbssteak süßsauer
couscous alla trapanese	Couscous nach der Art von Trapa
branzino al sale *)	Seebarsch in Salzkruste
dentice al mandarino	Zahnbrasse mit Mandarinen
faraona con pinoli e olive *)	Perlhuhn mit Pinienkernen und Oliven
filetti di bue trinacria *)	Rinderfilets auf sizilianische Art
involtini alla siciliana	Kalbfleischrouladen mit Pinienkernen und Rosinen
involtini di pesce spada arrosta	gebratene Schwertfischröllchen
lingua con le acciughe *)	Kalbszunge in Sardellensauce
nasello al forno	Seehecht im Ofen gebacken
petti d'anatra con i pinoli *)	Entenbrust mit Pinienkernen
orata arrosta alle erbe *)	Goldbrasse mit Kräutern gebraten
pesce spada alla griglia *)	gegrillte Schwertfischsteaks

pesce spada in cartoccio *)	Schwertfisch in Alufolie
piccioni allo spiedo *)	Tauben am Spieß
pizzelle fritte *)	frittierte Minipizzas
pollo all'arancia *)	Hähnchen mit Orangen
pollo alla diavolo *)	scharfes Grillhähnchen
pollo con mattone *)	Huhn unter dem Ziegelstein
porchetta con finocchietto selvatico	Spanferkel mit wildem Fenchel
porco con fagioli *)	Schweinefleisch mit Bohnen
razza in agrodolce	Rochen süßsauer
rigatoni con ragù d'agnello e pepperoni	Rigatoni mit Lammrücken und Paprika
scaloppine al marsala	Schweineschnitzel mit Marsalawein
spada di maiale *)	Schwertfischrouladen
spigola in crosta	Wolfsbarsch in Salzkruste
steak arrustu *)	Steak nach der Art von Palermo
stoccafisso alla messinese	Stockfisch nach Art von Messina
testina di vitello al sugo	geschmorter Kalbskopf
tonno al vapore marinato con olio, limone e menta	gedämpfter Thunfisch mariniert in Öl, Zitrone und Minze
tonno fresco in umido *)	frischer Thunfisch in Tomatensauce
triglie in cartoccio *)	Rotbarben in Backpergament
trippa e zampa alla contadina	Kutteln und Kalbsfüße
turtidduzza *)	Lamminnereien mit Kräutersauce

Zu allen Gerichten, die mit einem *) gekennzeichnet sind, folgen im 6. Kapitel ausführliche Rezepte.

4.4 Beliebte Beilagen ('contorni')

Aufgrund seiner geografischen Lage ist Sizilien eine „Gemüseinsel". Frisches oder gekochtes Gemüse sind deshalb die obligatorische Beilage für den zweiten Gang.

Bei den Gemüsegerichten gibt es auf Sizilien viele lokale Varianten, z. B. werden zusätzlich zerkleinerte Sardellen verwendet oder die Oliven durch Kapern ersetzt. Statt frischer, vollreifer Tomaten entscheidet man sich häufig für Schältomaten aus der Dose.

Eine Besonderheit: In vielen Familien und in einfachen Restaurants gibt es gedünstete Wildkräuter (Leimkraut, Frauenspiegel, Mäusedorn, Löwenzahn usw.). Für das Gericht ‚misto di erbe selvatiche' benötigt man, bezogen auf vier Personen, mindestens 1 kg Kräuter.

In einigen Fällen können Gemüsegerichte als leicht verdauliche Vorspeisen serviert werden, mitunter können sie eine Hauptspeise bilden. Eine alte Empfehlung für die Zubereitung von Salaten aus Gemüse lautet: „Insalata ben salata, poco aceto e bene oliata … e da un pazzo rivoltata"! Das heißt: „Ein guter Salat verlangt viel Salz, wenig Essig, viel Öl und soll von einem Irren umgerührt werden."

Im Folgenden werden Beispiele für beliebte Beilagen in „Mafiarestaurants" gegeben:

caponata	Gemüseeintopf mit Auberginen, Tomaten und Zwiebeln
frittedda *)	Gemüseragout
fritto di zucca e fiori di zucca	frittierte Zucchini und Zucchiniblüten
insalata di arance *)	Orangensalat
milinciani a canazzu *)	Auberginen mit Tomatensauce
misto di erbe selvatiche *)	gedünstete Wildkräuter
parmigiana di melanzane	überbackene Auberginen
patate alloro *)	Lorbeer-Kartoffeln
peperonata	Paprikagemüse
peperonata alla messinese	gefüllte Paprikaschoten nach der Art von Messina
peperoni alla griglia alla siciliana *)	Paprikasalat auf sizilianische Art
pomodori alla siciliana	Tomaten mit Oliven, Kapern, Sardellen und Weißbrotbröseln
risotto al nero di seppie	Risotto mit schwarzer Tintenfischsauce
spinaci saltati	Spinat mit Knoblauch und Olivenöl

Zu allen Gerichten, die mit einem *) gekennzeichnet sind, folgen im 6. Kapitel ausführliche Rezepte.

4.5 Beliebte Desserts ('dolci') und beliebte Käsesorten zum Abschluss eines guten Essens

In der italienischen Sprache steht ‚dolce' in jedem Fall für etwas Angenehmes: für eine liebenswerte Person, eine sanfte Musik oder ein köstliches Dessert. Auf Sizilien sind die klassischen Rezepte für Süßspeisen meist süßer, als es dem norditalienischen Geschmack entspricht.

Dolci gehören als Abrundung zu einem echten sizilianischen Essen. An den Wochentagen reicht man in den Familien je nach Jahreszeit gerne Obst, in erster Linie Birnen, Trauben, Mirabellen, Feigen und Aprikosen. Der Obstsalat (‚macedonia di frutta') wird im Idealfall frisch zubereitet. Die Beeren bzw. die zerkleinerten Früchte werden mit Zitronensaft und Zucker mariniert und mit einem süßen Dessertwein übergossen, am liebsten mit ‚malvasia di Lipari', einem charakteristischen Wein von den Liparischen Inseln. Die berühmte Weincreme ‚zabaione' oder ‚zabaglione' wird mit Marsala zubereitet und in einem großen Weinglas zu Tisch gebracht. In manchen Familien aromatisiert man die Desserts gern nach arabischer Tradition mit Honig, Mandeln und Orangenschalen.

In den Spitzenrestaurants Siziliens werden täglich, in den Familien nur an hohen kirchlichen Feiertagen und an Geburts- bzw. Namenstagen üppige Cremetorten und anspruchsvolle Fruchtdesserts serviert. Die ‚cassata alla siciliana' ist die Festtagstorte schlechthin. Aber auch die ‚crostata di mele con gelato di datteri e caramello di vino', ein Apfelkuchen mit Datteleis und Weinkaramell, schmeckt hinreißend. Wie der Autor von seinen sizilianischen Freunden erfahren hat, bevorzugen die großen Mafiosi bei ihren Restaurantbesuchen folgende Desserts:

biancomangiare *)	Mandelsülze
cassata alla siciliana	Biskuitkuchen mit gesüßtem Ricottakäse, Schokoladenflocken, kandierten Früchten, Pistazien und Vanilleeis
crostata di mandorle	Mandeltorte
fiori di zucca fritti *)	frittierte Kürbisblüten
gelato al pistacchio	Pistazieneiscreme

macedonia *)	bunter Obstsalat
gelato di melone *)	Meloneneis
paste di mandorla e pistacchio	Dessert mit Mandeln und Pistazien
torta di fichi freschi	Kuchen mit frischen Feigen
torta di ricotta e mandorle	Käsekuchen mit Mandeln
torta dolce di zucchine in salsa di cannella	süßer Zucchinikuchen an Zimtsauce
caciovallo	geräucherter Käse aus Kuhmilch (birnenförmig)
gorgonzola	grünblau marmorierter Edelpilzkäse aus Schafs- oder Ziegenmilch (milder als Roquefort)
piacentino	Käse aus Schafs- und Kuhmilch (häufig mit etwas Safran)
pecorino canestrato	Schafskäse aus entwässertem Quark
ricotta	Käse aus Schafs-, Ziegen- und Kuhmilch

Zu allen Gerichten, die mit einem *) gekennzeichnet sind, folgen im 6. Kapitel ausführliche Rezepte.

„Essen und Trinken
sind am beständigsten."

(Pietro Querini)

4.6 Beliebte Weine und Spirituosen

Die Mafiabosse sprechen bei ihren Restaurantbesuchen nicht nur dem Essen, sondern auch den Weinen reichlich zu. Bei der Wahl von Rot- und Weißweinen halten sie sich an die Tradition ihrer Heimat. Der ‚bianco d'alcamo' ist **der** sizilianische Weißwein. Bei seinem Verschnitt spielt der 'cataratto', die wichtigste und seit langem angebaute Rebsorte, die Hauptrolle. Der rote 'nero d'avola' gehört zu den besten Weinen weltweit. Sizilianer bevorzugen trockenen Wein, durchgegorene Süßweine mögen sie nicht. Eine Ausnahme machen die Dessertweine, wie z. B. der Marsala, der sehr süß ausfällt.

Wie der Autor mit seinem Freund Felice in Palermo, Cefalù und Syrakus erfahren hat, halten die Mafiabosse nichts von den italienischen Qualitätsbezeichnungen für Wein.

Eine Übersicht über die Weinkategorien in wichtigen Weinländern:

Land	Kategorie 1	Kategorie 2	Kategorie 3
Italien	Denominazione di origine controllata	Denominazione di origine controllata e garantita	Vino da Tavola
Frankreich	Appellation Contrôlée	Vin de Pays	Vin de Table
Spanien	Denominación de Origen	Vino de la Tierra	Vino de Mesa
Deutschland	Qualitätswein mit Prädikat	Qualitätswein bestimmter Anbaugebiete	Deutscher Tafelwein

Für die Clanchefs der Mafia garantieren amtliche Herkunftssiegel nur Mittelmäßigkeit. Sie trinken Spitzenweine, z. B. den ‚Cerasuolo di Vittoria', einen dunklen, vollmundigen Rotwein aus dem Südosten Siziliens. Sie wissen: Wichtig ist auf dem Etikett: ‚Imbottigliato all'origine' oder ‚dal viticoltore' oder ‚dal produttore' oder ‚nella tenuta'. Steht auf dem Etikett nur: ‚Imbogliatto da …', so heißt dies: Es wurden Fremdwein oder Trauben hinzugekauft.

Als wichtiges Indiz werten Weinkenner, wenn auf dem Etikett ihrer Spitzenweine der Name der Lage genannt wird, z. B. ‚Vignetto Bellavista'. Für die in Deutschland angebotenen Weine bedeutet das Glockensiegel mit silbernem Rand ‚Vecchio', d. h. zwei Jahre im Weinkeller, das Siegel mit dem goldenen ‚Riserva' drei Jahre. ‚Vino Nobile', der angeboten wird, muss vier Jahre alt sein, ‚Brunello' fünf Jahre.

Feiern ranghohe Mafiosi in Spitzenrestaurants besondere Erfolge, fließt der Champagner in Strömen. Billecart-Salmon Rosé beweist Sachkenntnis. Auch folgende Jahrgangschampagner sind etwas Besonderes: Louis Roederer, Laurent Perrier, Bruno Paillard, Ruinart, Taittinger, Krug, Dom Perignon de Venoge und Veuve Cliquot sind stets beste Wahl.

In Brüssel erzählt man: Mafiabosse lassen sich in Bars in ‚Champagner Orange', ein Mixgetränk, ‚Liquid Ecstasy' geben. Sie reichen den Drink bei dem gemütlichen Beisammensein an ihre Gegner weiter und können so lästige Konkurrenten ausschalten. ‚Liquid Ecstasy' hat mit der Partydroge Ecstasy nicht zu tun. Die Opfer reagieren wie Marionetten, wirken angetrunken, der eigene Wille ist ausgeschaltet. Die Substanz ist geruchs- und geschmacklos, wirkt innerhalb von wenigen Minuten und ist bereits nach 12 Stunden im Körper nicht mehr nachweisbar. Deshalb ist es fast aussichtslos, Täter zu überführen, auch deshalb, weil ‚Liquid Ecstasy' mit einfachsten Mitteln auf dem Küchentisch hergestellt werden kann.

Eine Vielfalt an Gewürzen und Aromen ist für die Küche Siziliens charakteristisch. Das zeigt sich auch bei den Spirituosen. Auf der Insel brennt man hochwertige Tresterschnäpse, z. B. den vorzüglichen ‚grappa dell'Etna'. Die hervorragenden Liköre werden nach einem umfangreichen Menü gewählt. Sie zeichnen sich durch die unterschiedlichsten Aromen aus. Im ‚digestivo' findet sich das Aroma des Feigenkaktus, des Kaffees, der Mandelblüte, der Maulbeere, der Orange, der Pistazien und des Wildfenchels. Zimt und Zitrone kommen noch hinzu. Der 'rosolio di alloro', ein Likör, der nach kräftigem Schütteln kalt serviert wird, enthält Blätter des

Lorbeerbaumes. Er regt die Verdauung besonders an. Der ‚fuoco del vulcano' ist ein herzhafter und kräftiger Likör und erinnert an das Feuer des Ätna. Er entsteht nach einem althergebrachten Rezept, das einen vollen Geschmack mit angenehmem, edlem Aroma verbindet.

„Kochrezepte sind die
ehrlichsten Liebeserklärungen."

(Georgo Fabbri)

5. Original-Rezepte der 'Cucina Siciliana'

Sizilien bietet eine Fülle von Kunstschätzen, ist reich an historischen Bauten und einzigartig im kulturellen Leben. Einzigartig ist auch die sizilianische Küche. Manche Sizilianer sagen: Es gibt keine sizilianische Küche, es gibt die Küche von Parma, von Catania, Syrakus, Marsala usw. Jede Region, jeder Ort hat seine eigenen Spezialitäten. Daneben sind noch auffallende Unterschiede zwischen der Alltagsküche und den Festrezepten, zwischen der „Volks"- und der „Adelsküche" auszumachen. Bei den folgenden Rezepten wird versucht, dieser Vielfalt Rechnung zu tragen, auch wenn es schwer fällt.

Die norditalienische Küche mit den Regionen Ligurien, Lombardei, Toskana, Venetien usw. ist in Deutschland sehr bekannt. Ihre Produkte, z. B. Mascarpone, Aceto balsamico, Radicchio und Rucola, haben schon seit Jahren den Weg in die Feinkostläden und Supermärkte gefunden. Produkte aus Süditalien, aus dem Mezzogiorno, findet man aber nie.

Sizilianisch kochen kann deshalb außerhalb Siziliens manchmal recht schwierig werden. Denn selbst wichtige Basiszutaten sind auf dem italienischen Festland nur sehr schwer zu bekommen. Die 'ricotta' aus Schafsquark lebt von ihrer Frische und wird in dieser Qualität nicht exportiert. Käsesorten wie der 'pepato' mit den großen Pfefferkörnern und der als Reibkäse verwendete 'ricotta salata' sind kaum außerhalb der Insel zu kaufen. Ein nicht lösbares Problem bildet der würzige Wildfenchel, der die Basis viele sizilianischer Gerichte bildet. Oder wo gibt es den wilden, giftgrünen 'Bastard'-Blumenkohl? Wo kann man den getrockneten Thunfischrogen (‚bottarga di tonno'), frische Thunfischmilch (‚lattume di tonno'), Degenfische (‚spatoli') oder essbare Seeigel (‚ricci') außerhalb Siziliens kaufen?

Zu den Schwierigkeiten kommen noch die Unterschiede im Bereich des Restaurants. Die Gerichte in den Markttrattorias von Palermo, in der Fischerkneipe mit eigener Muschelzucht, im Landlokal im mittelalterlichen

Klosterhof unterscheiden sich von den gehobenen Restaurants erheblich. In den letzten Jahren wurden die Adelsrezepte der großen Herrschaftsköche wieder ausgegraben. Dazu gehören z. B. Delikatessen wie geräucherte Schwertfische, mit gehacktem Kalbsfleisch und Schinken gefüllte Kalbsrouladen und aufwändig mit Eiern und Kalbsbries zubereitete Makkaroniaufläufe, wie wir sie aus dem Film „Der Leopard" kennen.

Die folgenden Rezepte sind für vier Personen berechnet.

Die Maßeinheiten wurden wie folgt abgekürzt:

1 TL = 1 Teelöffel
1 EL = 1 Esslöffel

Bei größeren Mengen empfiehlt es sich, einen Messbecher zu verwenden.

1 l	=	1000 ml	=	1000 g
3/4 l	=	750 ml	=	750 g
1/2 l	=	500 ml	=	500 g
1/4 l	=	250 ml	=	250 g
1/8 l	=	125 ml	=	125 g
1/10 l	=	100 ml	=	100 g
1 Tasse	=	250 ml	=	250 g (1/4 l)

Die allgemeinen Richtwerte für die notwendige Grundmenge an Lebensmitteln pro Gang für vier Personen sind:

Suppe als Vorspeise	bis 1 l
Suppe als Hauptspeise	bis 2 l
Fleisch mit Knochen	600 – 800 g
Fleisch ohne Knochen	400 – 600 g
Hähnchen (gebraten)	800 – 1000 g
Ente (gebraten)	800 – 1000 g
Tauben (4 Stück)	800 – 1000 g
Wachteln (4 Stück)	800 – 1000 g
ein halbes Zicklein	1000 – 1200 g
ein Lammviertel	1000 – 1200 g
Pasta als Beilage	200 – 300 g
Pasta als Hauptgericht	400 – 600 g
Pasta als Suppeneinlage	100 g
Reis als Suppeneinlage	100 g

Die genaue Menge eines Gewürzes anzugeben ist bei der Zubereitung eines Gerichtes nicht möglich. Gewürze als Zutaten hängen vom persönlichen Geschmack und der Intensität der Kräuter ab. Trockener Basilikum verliert z. B. rasch seinen Duft, und man muss grundsätzlich mehr als bei frischem Basilikum verwenden.

6. Verzeichnis der Rezepte

Vorspeisen ('antipasti')

Carpaccio vom Kalbsfilet	Carpaccio di carne cruda	79
Frittierte Minipizzas	Pizzelle fritte	120
Gefüllte Tomaten nach Art der Messina	Pomodori alla messinese	123
Gefüllte Zucchini	Zucchine ripiene	140
Meeresfrüchtesalat	Insalata di mari	92
Oktopussalat	Insalata di puru	93
Polypen mit Tomatensauce	Pupiteddi murati	126
Süßsaueres Auberginengemüse	Caponata	77
Tintenfisch auf sizilianische Art	Calamari alla siciliana	75
Tintenfische in schwarzer Sauce	Calamari neri	76
Überbackene Sardellen in Orangenmarinade	Alici all'arancia	70

1. Gang ('primo piatto')

Auflauf mit Käse, Oliven und Sardellen	Scacciata	128
Bandnudeln mit Krabben und Thunfischrogen	Linguine con gamberi e bottarga di tonno	97
Bandnudeln nach der Art von Trapani	Pasta alla trapanisi	111
Bandnudeln mit Lammragout	Pasta al sugo d'agnello	107
Bandnudeln mit Venusmuscheln	Linguine alle vongole	96
Bauernomelette	Frittata campagnola	88
Bucatini-Spaghetti mit Thunfischsauce	Bucatini al tonno	74
Fadennudeln nach der Art von Syrakus	Vermicelli alla siracusana	137
Fischtopf aus Sizilien	Cassola siciliana di pesce	80

Fusilli-Nudeln mit Wurst	Fusilli con salsiccia	89
Garnelen in Tomatensauce	Gamberoni alla rustica	90
Kastaniensuppe	Minestra con le castagne	101
Makkaroni mit Sardinen	Pasta con le sarde	109
Nudeln mit Krebsen	Pasta cu i ammari	112
Nudeln mit Linsen	Pasta cu i lenticchia	113
Reissuppe mit Kräutern	Minestra di riso all'erbe	102
Risotto mit Artischocken	Risotto con carciofi	127
Sizilianische Fischsuppe	Zuppa di pesce alla mafiosa	139
Spaghetti nach Art der leichten Mädchen	Spaghetti alla puttanesca	130
Spaghetti alla Norma	Pasta alla Norma	108
Spaghetti mit einer Sauce aus Kapern und Tomaten	Spaghetti ai capperi	129
Thunfischsalat mit weißen Bohnen	Insalata di tonno con fagioli bianchi	94

2. Gang ('secondo piatto')

Fleischgerichte

Entenbrust mit Pinienkernen	Petti d'anatra con i pinoli	118
Hähnchen mit Orangen	Pollo all'arancia	121
Hähnchen unter dem Ziegelstein	Pollo con mattone	125
Kalbszunge in Sardellensauce	Lingua con le acciughe	98
Kutteln mit Minze	Trippa alla mentuccia	135
Lamm-Innereien mit Kräutersauce	Turtidduzza	136
Lammragout	Agneddu agglassatu	64
Lammschulter auf sizilianische Art	Agneddu furnatu	66
Perlhuhn mit Pinienkernen und Oliven	Faraona con pinoli e olive	83
Rinderfilet auf sizilianische Art	Filetti di bue trinacria	84
Scharfes Grillhähnchen	Pollo alla diavolo	122

Schweinefleisch mit Bohnen	Porco con fagioli	124
Schweinskopf	Testa di maiale	132
Steak nach der Art von Palermo	Steak arrustu	131
Süßsaures Kaninchen	Coniglio all'agrodolce	82
Tauben am Spieß	Piccioni allo spiedo	119
Zicklein aus dem Ofen	Capretto al forno	78

Fischgerichte

Frischer Thunfisch in Tomatensauce	Tonno fresco in umido	133
Gegrillte Schwertfischsteaks	Pesce spada alla griglia	116
Gemischte frittierte Fische	Fritto misto	87
Goldbrasse mit Kräutern	Orata arrosta all'erbe	106
Meeräsche im Gemüsebett	Cefalo su verdura	81
Rotbarbe in Pergamentpapier	Triglie in cartoccio	134
Sardellen nach der Art von Catania	Alici alla catanese	68
Schwertfischrouladen	Involtini di pesce spada	95
Schwertfischsteaks in Alufolie	Pesce spada in cartoccio	117
Seebarsch in Salzkruste	Branzino al sale	73
Seehecht im Ofen gebacken	Nasello al forno	105
Stockfisch im Backofen	Baccalà al forno	71

Beilagen ('contorni')

Auberginen in Tomatensauce	Milinciani a canazzu	100
Gemüseragout	Frittedda	86
Gedünstete Wildkräuter	Misto di erbe selvatiche	103
Lorbeer-Kartoffeln	Patate alloro	114
Orangensalat	Insalata di arance	91
Paprikasalat nach sizilianischer Art	Peperoni alla griglia alla siciliana	115

Dessert ('dolci')

Bunter Obstsalat	Macedonia	99
Frittierte Kürbisblüten	Fiori di zucca fritti	85
Mandelsülze	Biancomangiare	72
Meloneneis	Montecato di melone	104

Agneddu agglassatu

Lammragout

1 – 1 ½ kg Lamm (Keule oder Schulter)
7 kleine, neue Kartoffeln
6 Knoblauchzehen
1 große Zwiebel
4 Zweige frischer Rosmarin
4 Zweige frischer Thymian
1 TL Oregano
½ Bund Petersilie
4 EL Olivenöl
2 EL Schweineschmalz
¼ l trockener Weißwein
4 EL Weißweinessig ('Balsamico bianco')
100 g Pecorino oder Caciocavallo

Das Lammfleisch in mundgerechte Stücke schneiden.

Die Kartoffeln waschen und in Stücke schneiden. Den Knoblauch und die Zwiebel schälen und fein hacken. Die Kräuter waschen und trockenschütteln. Von den Stielen zupfen und in Streifen schneiden. Die Petersilie waschen und grob schneiden.

Das Olivenöl in einem großen Schmortopf erhitzen und die Zwiebel bei schwacher Hitze glasig braten. Schmalz hinzufügen. Sobald es geschmolzen ist, das Lammfleisch hinzugeben und von allen Seiten anbraten.

Den Wein über das Lammfleisch gießen und bei mittlerer Hitze ohne Deckel einkochen lassen. Petersilie, Knoblauch und Kräuter dazugeben, salzen und pfeffern. Den Weißweinessig dazugießen.

Zugedeckt bei schwacher Hitze 45 Minuten garen. Die Kartoffeln in den Schmortopf geben und, falls notwendig, etwas Wasser nachgießen. Zugedeckt weitere 30 Minuten köcheln lassen, bis die Kartoffeln und das Lammfleisch gar sind.

Am Ende des Schmorvorgangs den sehr grob geriebenen Käse hinzugeben, unterrühren und vor dem Servieren das Lammfleisch 5 Minuten ruhen lassen.

Lamm ist das traditionelle Osteressen auf Sizilien. Käse aus der Region verleiht der Sauce ein unnachahmliches Aroma.

Agneddu furnatu

Lammschulter auf sizilianische Art

1 – 1 ½ kg Lammschulter mit Knochen
4 mittelgroße Kartoffeln
1 Stange Staudensellerie
2 Fenchelknollen
4 Tomaten
3 Möhren
7 Knoblauchzehen
2 getrocknete Peperoni
Olivenöl nach Bedarf
1/8 l Gemüsebrühe
¼ l trockener Weißwein
2 Lorbeerblätter
1 EL Rosmarinnadeln
Salz und bunter Pfeffer aus der Mühle

Kartoffeln und Gemüse waschen und putzen. Staudensellerie, Fenchelknollen und Tomaten grob würfeln, Möhren klein schneiden, Knoblauchzehen fein hacken und Peperoni mit dem Mörser zerreiben.

Einen Bräter, möglichst aus Gusseisen, mit Olivenöl auspinseln und den Backofen auf 200 °C vorheizen.

Die Lammschulter mit Salz, Peperoni und etwas Pfeffer einreiben, in den Bräter geben und rundum goldgelb anbraten.

Die Lammschulter herausnehmen, das Gemüse mit dem Knoblauch hineingeben und hellbraun dünsten. Dann die Gemüsebrühe und den Weißwein dazugießen.

Jetzt die Lammschulter und die Kartoffeln zum Gemüse in den Bräter geben und alles zusammen 60 Minuten garen. Nach der Hälfte der Garzeit Lorbeerblätter und Rosmarinnadeln hinzufügen.

Vor dem Anschneiden die Lammschulter 10 Minuten ruhen lassen. So verteilt sich der Fleischsaft besser.

Lamm kann durch Zicklein ersetzt werden. Dann verlängert sich die Garzeit um 10 Minuten.

Alici alla catanese

Sardellen nach der Art von Catania

600 g küchenfertige Sardellen
1 Zwiebel
2 Knoblauchzehen
2 EL Olivenöl
1 Dose geschälte Tomaten (250 g)
¼ TL getrocknetes Basilikum
100 g Schafskäse
1 EL Kapern
8 eingelegte Sardellen
1 EL Pinienkerne, fein gehackt
Meersalz und Pfeffer aus der Mühle

Von den Sardellen Kopf und Schwanz mit einem scharfen Messer abschneiden. Sardellen innen und außen gründlich unter kaltem Wasser abspülen und trockentupfen. Innen und außen salzen und pfeffern.

Für die Tomatensauce Zwiebel und Knoblauchzehen schälen und fein würfeln. In einer Pfanne die gewürfelte Zwiebel in dem Olivenöl 2 Minuten glasig dünsten. Abgetropfte Tomaten und Knoblauch dazugeben. Bei starker Hitze schmoren, bis alle Flüssigkeit verdampft ist (ca. 3 Minuten). Pfanne vom Herd nehmen und Tomaten mit Salz, Pfeffer und Basilikum abschmecken.

Eine feuerfeste Form mit Olivenöl einfetten. Eine Schicht Sardellen auf den Boden legen. Mit etwas Sauce begießen. Schafskäse fein zerbröckeln und etwas davon auf die Sauce streuen. Einen Teil der Kapern und der gewässerten, in Stücke geschnittenen Sardellen daraufgeben und den Rest der frischen Sardellen daraufschichten.

Mit der restlichen Tomatensauce begießen, mit Schafskäse und gehackten Pinienkernen bestreuen und mit den restlichen eingelegten Sardellen garnieren.

Die Form in den vorgeheizten Ofen auf die mittlere Schiene stellen und bei ca. 200 °C 45 Minuten garen.

Alici all'arancia
Überbackene Sardellen in Orangenmarinade

600 g frische, küchenfertige Sardellen
1 Zitrone
12 grüne Oliven ohne Stein
1 Bund Petersilie
2 Peperoncini
50 g Pinienkerne
¼ l trockener Weißwein
4 EL Weißbrotbrösel
2 EL Olivenöl
2 Orangen
Meersalz und Pfeffer aus der Mühle

Die Sardellen waschen. Die gewaschene, ungeschälte Zitrone in dünne Scheiben schneiden. Die grünen Oliven und die Petersilie fein hacken, die Peperoncini in Stücke schneiden.

Die Sardellen und die Zitronenscheiben in einen Tontopf geben. Darüber Oliven, Petersilie, Peperoncini und Pinienkerne verteilen, salzen und pfeffern. Den Weißwein dazugießen.

Das Olivenöl in eine Pfanne geben und darin die Weißbrotbrösel goldgelb anrösten. Die Sardellen damit bedecken.

Den Backofen auf 180 °C vorheizen, dann auf 200 °C die Sardellen mit den übrigen Zutaten 40 Minuten garen. Nach der Hälfte der Garzeit den Saft einer Orange hinzufügen.

Die zweite Orange in Scheiben schneiden und die Sardellen damit garnieren.

Baccalà al forno
Stockfisch im Backofen

600 g getrockneter Stockfisch
400 g gekochte Kartoffeln
2 Zwiebeln
3 Knoblauchzehen
1 Bund Petersilie
5 EL Olivenöl
4 Nelken
Meersalz und Pfeffer aus der Mühle

Den Stockfisch in eine Schüssel mit reichlich kaltem Wasser geben. Mindestens 12 Stunden einweichen, dabei das Wasser mehrmals erneuern. Anschließend den Stockfisch abtropfen lassen, Haut und Gräten entfernen.

Kartoffeln und Zwiebeln in Scheiben schneiden, Knoblauchzehen und Petersilie fein hacken. Den Backofen auf 200 °C vorheizen.

Ein Backblech mit hohen Rändern mit Olivenöl einfetten. Den Boden mit einer Schicht Kartoffeln bedecken, darauf den Stockfisch und Zwiebelscheiben legen. Dann nochmals mit einer Schicht Kartoffel, Stockfisch und Zwiebeln bedecken.

Jede Schicht mit Nelken, Knoblauch und gehackter Petersilie bestreuen, salzen und pfeffern. Zum Schluss mit Olivenöl beträufeln und in den Backofen schieben.

Bei 200 °C ca. 45 Minuten garen.

Biancomangiare

Mandelsülze

300 g geschälte Mandeln
20 g Gelatine
1 l Milch
150 g Zucker
Schale von 1 Zitrone
1 Zimtstange

Die Mandeln reiben und in eine Schüssel mit ¼ l kaltem Wasser geben. 30 Minuten ziehen lassen, bis das Wasser wie Milch aussieht. Die Gelatine in lauwarmem Wasser einweichen.

Die Mandeln so fest wie möglich durch ein engmaschiges Sieb drücken und das entstandene Mandelmus entfernen.

Das Mandelwasser, die Milch, den Zucker, die Zimtstange und die spiralförmig geschnittene Zitronenschale in einen Topf geben und unter ständigem Rühren bei geringer Hitze 10 Minuten köcheln lassen.

Die Zitronenschale und die Zimtstange herausnehmen und die eingeweichte Gelatine in der Mandelmilch auflösen.

Die Mandelmilch in bereitgestellte Förmchen füllen und 3 Stunden in den Kühlschrank stellen. Vor dem Servieren stürzen.

Branzino al sale

Seebarsch in Salzkruste

1 küchenfertiger Seebarsch (ca. 1 kg)
2 kg grobes Meersalz
2 Tassen kaltes Wasser
4 Eiweiß
1 Zitrone
3 EL Olivenöl
1 frischer Rosmarinzweig
Meersalz und Pfeffer aus der Mühle

Den Seebarsch gründlich unter fließendem Wasser waschen.

Das Meersalz in eine Schüssel geben und mit dem Wasser anfeuchten. Mit dem Eiweiß zu einem Salzteig verarbeiten.

Den Fisch mit Zitronensaft und Olivenöl beträufeln, salzen, pfeffern und den Rosmarinzweig darauflegen.

Den Backofen auf 220 °C vorheizen. Ein Backblech mit Alufolie auslegen und darauf einen dicken Salzboden in Form eines Fisches formen. Den Fisch mit Alufolie ausstopfen, auf das Salz legen und mit dem restlichen Salz bedecken.

Das Backblech in den vorgeheizten Backofen schieben und den Seebarsch bei 220 °C 50-60 Minuten garen.

Die hart gewordene Salzkruste vorsichtig aufbrechen. Den Seebarsch am Tisch filetieren und mit Olivenöl und Zitronensaft beträufeln.

Bucatini al tonno

Bucatini-Spaghetti mit Thunfischsauce

2 Knoblauchzehen
2 EL Olivenöl
2 in Salz eingelegte Sardellen
400 g reife Tomaten
200 g in Öl eingelegter Thunfisch, gut abgetropft
1 Bund Petersilie
400 g Bucatini-Spaghetti
Meersalz und Pfeffer aus der Mühle

Die geschälten und fein gehackten Knoblauchzehen in Olivenöl hellgelb anschwitzen.

Die Sardellen entsalzen, entgräten, in kleine Stücke schneiden und zu den gehackten Knoblauchzehen geben. Mit einem Holzlöffel verteilen.

Die enthäuteten, entkernten und in kleine Würfel geschnittene Tomaten zu den Sardellen und zum Knoblauch geben. Zusammen bei geringer Hitze etwa 10 Minuten garen lassen.

Anschließend den zerkleinerten Thunfisch und die fein gehackte Petersilie hinzufügen und weitere 10 Minuten bei geringer Hitze fertig garen.

Die Bucatini-Spaghetti in 3 l Wasser bissfest kochen, abgießen, in einer Tonschale anrichten und mit Pfeffer abschmecken. Vor dem Servieren mit der Thunfischsauce übergießen.

Calamari alla siciliana
Tintenfisch auf sizilianische Art

1 kg Tintenfische (möglichst klein)
1 Bund Petersilie
1 EL Pinienkerne
4 EL Olivenöl
2 Knoblauchzehen
500 g Tomaten
4 EL schwarze Oliven
1 EL Rosinen
1 Zitrone
Meersalz und Pfeffer aus der Mühle

Die Tintenfische gründlich waschen, das Innere entfernen und mit einem Messer das Tintensäckchen, das Maul und die Augen herausschneiden. Die Tintenfische enthäuten und wieder waschen. Die Körper und die Fangarme in Stücke schneiden. Petersilie und Pinienkerne fein hacken.

Das Olivenöl in einem Topf erhitzen und die Knoblauchzehen darin hellgelb anrösten, dann wieder herausnehmen.

Die Tomaten mit kochendem Wasser überbrühen, enthäuten und würfeln. Die Tomatenwürfel in Olivenöl in dem bereitstehenden Topf andünsten, mit Salz und Pfeffer würzen und 10 Minuten einkochen lassen. Die in Stücke geschnittenen Tintenfische dazugeben und alles 30 Minuten schmoren lassen. Etwas heißes Wasser hinzufügen, wenn die Tomatensauce eine zu feste Konsistenz annimmt.

Pinienkerne, Oliven und Rosinen in die Tomatensauce geben und erneut 10 Minuten bei leichter Hitze köcheln lassen.

Die Tintenfische mit Petersilie und Zitronenscheiben servieren.

Calamari neri

Tintenfische in schwarzer Sauce

1 rote Paprikaschote
1 Zwiebel
2-4 Knoblauchzehen
1 kg Tintenfische
4 EL Olivenöl
100 g Mehl
¼ Glas trockener Marsalawein
1 Bund Petersilie
1 Zitrone
Meersalz und Pfeffer aus der Mühle

Paprikaschote in Streifen schneiden, Zwiebeln und Knoblauchzehen fein hacken.

Den Kopf der Tintenfische abschneiden, die Innereien entfernen, jedoch den Tintensack aufheben. Die Tintenfische gründlich waschen und in Streifen schneiden.

Olivenöl in einer Pfanne erhitzen und die Zwiebeln darin goldgelb rösten. Die in Mehl gewendeten Tintenfische hinzugeben, mit Wein übergießen und mit Salz und Pfeffer würzen.

Bei niedriger Hitze 30 Minuten schmoren lassen. Dabei die Tintensäcke zerdrücken und zu den Tintenfischen geben.

In die Pfanne die Knoblauchzehen und die Paprikastreifen geben und weitere 10 Minuten schmoren lassen.

Die Tintenfische mit Petersilie und Zitronenscheiben servieren.

Caponata

Süßsaueres Auberginengemüse

4 Auberginen
2 Stangen Staudensellerie
1 Zwiebel
3 Knoblauchzehen
6 grüne Oliven ohne Stein
1 EL Kapern
1 EL Tomatenmark
1 EL Zucker
1 EL Balsamico rosso
Olivenöl
Salz und Pfeffer aus der Mühle

Auberginen grob würfeln, in ein Sieb legen, mit Salz bestreuen und mindestens 1 Stunde ziehen lassen, danach gründlich waschen. Staudensellerie waschen und in 2 cm große Stücke schneiden, Zwiebel und Knoblauchzehen fein hacken.

In einem Topf 3 EL Olivenöl erhitzen. Zwiebeln und Knoblauch dünsten, Staudensellerie für einige Minuten mitgaren lassen, salzen und pfeffern.

Oliven und Kapern einrühren und 15 Minuten bei niedriger Hitze garen.

In einer Pfanne Olivenöl erhitzen und die Auberginenwürfel ausbacken. Auf Küchenkrepp abtropfen lassen.

Auberginenwürfel mit dem restlichen Gemüse, Tomatenmark und Zucker in einen Topf geben. Balsamicoessig dazugießen und alles unter Zugabe einer Tasse Wasser 10 Minuten köcheln lassen. Mit Salz und Pfeffer abschmecken.

Die Caponata schmeckt besser, wenn sie in einer Schale aus Terrakotta mit gehackten Basilikumblättchen garniert serviert wird.

Capretto al forno

Zicklein aus dem Ofen

1 ganze Keule vom Zicklein (ca. 1 kg)
3 Knoblauchzehen
einige Rosmarinnadeln
5 EL Olivenöl
3-4 Lorbeerblätter
1/8 l Weißwein
1/8 l Gemüsebrühe
Salz und Pfeffer aus der Mühle

Den Knoblauch schälen, mit den Rosmarinnadeln fein hacken und die Keule mit dem Knoblauch-Rosmarin-Gemisch und Olivenöl einreiben.

Olivenöl in einem großen Topf erhitzen, die Keule darin von allen Seiten hellbraun anbraten und die Lorbeerblätter dazugeben. Mit Weißwein begießen und zugedeckt bei geringer Hitze 30 Minuten garen. Salzen und pfeffern.

Den Backofen auf 220 °C vorheizen. Die Keule in den Backofen stellen, weitere 40 Minuten braten und dabei die Gemüsebrühe dazugeben.

Anschließend das Fleisch herausnehmen und auf einer Platte beiseitestellen. Den Bratenfond erkalten lassen und 3 Stunden in den Kühlschrank stellen.

Danach die Sauce entfetten, mit der Keule in einen Topf geben und bei geringer Hitze erwärmen. Die Zickleinkeule in Portionsstücke schneiden und auf einer vorgewärmten Platte anrichten. Die Bratensauce getrennt dazu reichen.

Viele erfahrene Köche empfehlen zum Braten oder Anrösten geschmacksneutrales Öl, z. B. Distelöl.

Carpaccio di carne cruda

Carpaccio vom Kalbsfilet

400 g Kalbsfilet in dünnen Scheiben
6 EL Olivenöl
80 g Olivenkaviar (pürierte, in Olivenöl eingelegte schwarze Oliven)
1 EL Rotweinessig (Balsamico rosso)
1 TL Sherryessig
1 Zitrone
4 Knoblauchzehen
1 Bund Petersilie
12 Pinienkerne, geröstet
12 Salbeiblätter
Salz und Pfeffer aus der Mühle

Für die Olivensauce Olivenöl, Olivenkaviar, Rotwein- und Sherryessig in eine Schüssel geben. Salzen, pfeffern und alles gut verrühren. Den Zitronensaft dazugeben.

Das Fleisch auf einem Teller anrichten. Die Knoblauchzehen schälen, in dünne Blättchen schneiden und auf dem Fleisch verteilen. Den Teller mit Klarsichtfolie abdecken und etwa 2 Stunden kalt stellen. Anschließend den Knoblauch entfernen.

Die gewaschene Petersilie fein hacken. Das Kalbsfilet dünn mit der Olivensauce bestreichen. Mit Petersilie und gerösteten Pinienkernen bestreuen und mit Salbeiblättern garnieren.

Cassola siciliana di pesce

Fischtopf aus Sizilien

1 ½ kg Edelfische (z. B. Seehecht, roter Knurrhahn und Drachenkopf)
500 g Meeresfrüchte (z. B. Kraken, Sepien, kleine Tintenfische)
(insgesamt mindestens 8 verschiedene Fische und Meeresfrüchte)
2 Zwiebeln
2 Knoblauchzehen
200 g getrocknete Tomaten
1 rote Peperoni
4 EL Olivenöl
½ l trockener Weißwein
1 Bund Petersilie
Meersalz und Pfeffer aus der Mühle

Die küchenfertigen Fische in kleine Stücke schneiden und getrennt beiseitelegen.

Die Meeresfrüchte ebenso zum Kochen vorbereiten, z. B. die Tintenfische von Augen und Tintensäcken befreien.

Zwiebeln und Knoblauch fein hacken, die getrockneten Tomaten klein schneiden.

Zwiebeln, Knoblauch, Tomaten und Peperoni in einem großen Topf in 2 EL Olivenöl andünsten. Den Wein zugießen und einkochen lassen. Die Peperoni herausnehmen, salzen und pfeffern.

Kraken, Sepien und Tintenfische in den Topf geben und einige Minuten anschmoren. Dann mit Salzwasser (20 g Salz auf 1 l Wasser) aufgießen und 15 Minuten köcheln lassen.

Nach und nach die Fischstücke hinzufügen (zuerst die mit festem Fleisch) und bei mittlerer Hitze zugedeckt 40 bis 45 Minuten garziehen lassen. Der Fischsud darf nicht kochen, sondern muss perlen.

In die fertige Fischsuppe 2 EL Olivenöl gießen und mit gehackter Petersilie bestreuen.

Cefalo su verdura
Meeräsche im Gemüsebett

1 küchenfertige Meeräsche (ca. 1 kg)
1 Zitrone
2 Zwiebeln
2 Knoblauchzehen
4 Tomaten
4 Kartoffeln
2 Stangen Staudensellerie
2 Karotten
4 EL Olivenöl
½ Bund Petersilie
Salz und Pfeffer aus der Mühle

Die Meeräsche gründlich waschen, trockentupfen, in Scheiben schneiden und mit dem Zitronensaft beträufeln.

Zwiebeln und Knoblauchzehen fein hacken. Tomaten waschen, kurz in kochendes Wasser legen, häuten und würfeln. Kartoffeln schälen und in Scheiben schneiden. Staudensellerie putzen und in Stücke schneiden. Karotten schälen und in Scheiben schneiden.

Das Olivenöl in einem Topf erhitzen und die Zwiebeln darin glasig dünsten. Die Knoblauchzehen kurz mitbraten und die Tomaten dazugeben.

Mit 1 l heißem Wasser aufgießen, salzen und pfeffern. Die Kartoffeln, die Karotten und den Staudensellerie hinzufügen und alles kurz aufkochen lassen.

Den Fisch auf das Gemüsebett legen und fein gehackte Petersilie darüberstreuen.

Den Fisch-Gemüse-Topf bei schwacher Hitze mit geschlossenem Deckel ca. 35 Minuten garen.

Ganze Fische innen und außen mit Salz einreiben. Fischfilets erst nach der Zubereitung salzen, damit sie nicht austrocknen.

Coniglio all'agrodolce
Süßsaures Kaninchen

1 küchenfertiges Kaninchen
2 Zitronen
1 Orange
50 g geschälte Mandeln
2 Lorbeerblätter
1 Zwiebel
Olivenöl
2 Tomaten
50 g Pinienkerne
50 g Rosinen
½ TL Zimt
Rosmarin
Thymian
1/8 l Zuckerrübensaft
Salz und Pfeffer aus der Mühle

Die mit Salz und Pfeffer eingeriebenen Kaninchenstücke einige Stunden im Saft einer Zitrone marinieren. Die Schale der Orange und die Mandeln im Backofen dörren.

Dann die Kaninchenstücke mit den Lorbeerblättern und einer gewürfelten Zitrone (mit Schale) in einen Kochtopf geben und mit Wasser bedecken. Nach 10-15 Minuten Kochzeit das Fleisch herausnehmen und abtropfen lassen.

In einer Pfanne die gehackte Zwiebel in Olivenöl schwenken. Die Kaninchenstücke und die gewürfelten Tomaten hinzugeben.

Wenn die Kaninchenstücke fast gar sind, Pinienkerne, Rosinen, Zimt, Rosmarin, Thymian und die gedörrte Orangenschale dazugeben.

Nach 5 Minuten Zuckerrübensaft dazugießen, die Kaninchen darin wenden und die Mandeln darüberstreuen.

Faraona con pinoli e olive

Perlhuhn mit Pinienkernen und Oliven

1 küchenfertiges Perlhuhn (ca. 1,2 kg)
2 Zwiebeln
4 EL Olivenöl
1 Glas trockener Weißwein
16 Pinienkerne
12 grüne Oliven ohne Stein
Rosmarinnadeln
Salz und Pfeffer aus der Mühle

Das Perlhuhn waschen, trockentupfen und in vier Stücke teilen.

Zwiebeln fein hacken und in Olivenöl glasig braten. Dann die vier Perlhuhnstücke in die Pfanne geben und rundum kräftig anbraten.

Wenn die Perlhuhnteile gleichmäßig gebräunt sind, Hitze zurücknehmen und mit Weißwein begießen. Während der Weißwein einköchelt, die Pinienkerne und die Oliven klein hacken und zusammen mit den Rosmarinnadeln ebenfalls in die Pfanne geben.

Alles zusammen noch ca. 30-40 Minuten garen lassen, dann salzen und pfeffern.

Filetti di bue trinacria

Rinderfilet auf sizilianische Art

4 Rinderfiletsteaks à 150 g
8 Basilikumblätter
2 Knoblauchzehen
4 Auberginenscheiben
100 g Mehl
4 EL Olivenöl
8 Tomatenscheiben
½ TL Oregano
4 dicke Scheiben Mozzarella
Salz und Pfeffer aus der Mühle

Die Rindersteaks waschen und trockentupfen. Basilikumblättchen und Knoblauchzehen fein hacken. Die Auberginenscheiben salzen, damit sie Wasser ziehen. Nach 10 Minuten gründlich waschen, in einem Sieb abtropfen lassen, leicht in Mehl wenden und 2-3 Minuten in heißem Olivenöl ausbacken.

Die Steaks in einer Pfanne oder unter dem Grill von beiden Seiten kurz anbraten. Innen müssen sie noch blutig sein.

Eine feuerfeste Form einölen. Zuerst 4 Auberginenscheiben hineingeben, dann die Steaks darauflegen. Die Tomatenscheiben darübergeben, mit etwas Oregano bestreuen, salzen und pfeffern.

Die 4 restlichen Auberginenscheiben obenauf legen, mit dem Mozzarella bedecken und mit Basilikumblättchen bestreuen.

Die Steaks mit dem Gemüse und dem Mozzarella in den Backofen schieben und bei geringer Temperatur 25 – 30 Minuten garen.

Fleisch wird zart, wenn man es vor der Zubereitung etwa vier Stunden mit dünnen Streifen frischer Papaya, Kiwi oder Ananas belegt. Das Obst ist vor dem Garen zu entfernen.

Fiori di zucca fritti

Frittierte Kürbisblüten

12 Kürbisblüten
80 g Mehl
knapp ¼ l Milch
1 Eigelb
1 Eiweiß
1 Prise Salz
2 EL Puderzucker
Olivenöl zum Ausbacken

Von den Kürbisblüten die Kelchblättchen abzupfen und die Blütenstempel herausschneiden. Die Blüten leicht zusammenklappen.

Das Mehl in eine Schüssel sieben und mit Milch und Eigelb zu einem glatten Teig verrühren. Das Eiweiß mit Salz zu steifem Schnee schlagen und hinzufügen.

Olivenöl in einen Topf geben und auf 180 °C erhitzen.

Die Kürbisblüten am Stiel haltend in den Backteig tauchen, überschüssigen Teig abtropfen lassen und nacheinander 1-2 Minuten frittieren. Dabei öfter wenden.

Die herausgenommenen Kürbisblüten auf Küchenpapier abtropfen lassen und die Stiele etwas einkürzen.

Vor dem Servieren die Kürbisblüten mit Puderzucker bestäuben. Eventuell können frische Himbeeren und eine mit Marsalawein zubereitete Zabaione dazu gereicht werden.

Frittedda

Gemüseragout

2 Artischocken
1 Zitrone
300 g Ackerbohnen
1 mittelgroße Zwiebel
2-3 EL Olivenöl
200 g Erbsen
1 EL Weißweinessig
8 Minzblätter
Salz und Pfeffer aus der Mühle

Die geputzten Artischocken vierteln und in etwas Wasser mit Zitronensaft legen.

Die Ackerbohnen in Salzwasser kochen, abtropfen lassen und enthäuten.

Die Zwiebeln fein hacken, mit Olivenöl in die Pfanne geben und anbraten. Die Artischocken dazugeben und 2 Minuten braten.

Erbsen und Bohnen dazugeben, 1 Tasse Wasser zufügen und alles zugedeckt bei milder Hitze 20 Minuten köcheln lassen.

Nach der Hälfte der Garzeit den Weißweinessig dazugeben. Mit Salz und Pfeffer abschmecken.

Vor dem Servieren Minzblätter hinzufügen.

Kalt schmeckt das Gemüseragout am besten.

Fritto misto
Gemischte frittierte Fische

500 g kleine Fische (z. B. Sardellen, Sardinen, Rotbarben)
300 g kleine Tintenfische (küchenfertig)
300 g Garnelen
Olivenöl
Mehl zum Wenden
Meersalz und Pfeffer aus der Mühle

Die kleinen Fische unter fließendem Wasser abspülen, etwa 15 Minuten in eine Schüssel mit kaltem Wasser legen und anschließend in einem Sieb abtropfen lassen.

Tintenfische gründlich waschen, Körper in Ringe und Tentakel in Stücke schneiden. Garnelen schälen und den Darm entfernen.

Die Fische und Meeresfrüchte trockentupfen, salzen und pfeffern. In einer Pfanne reichlich Olivenöl erhitzen. Fische in Mehl wenden, portionsweise in das heiße Öl geben und knusprig ausbacken.

Gegen Ende die Hitze etwas zurücknehmen, damit die Fische auch im Inneren garen.

Fisch verträgt bei der Zubereitung keine zu starke Hitze.

Frittata campagnola
Bauernomelett

6 Eier
1 Karotte
2 gekochte Kartoffeln
einige Staudensellerieblätter
1 Bund Petersilie
1 Zwiebel
2 Knoblauchzehen
4 EL Olivenöl
4 EL Pecorino, gerieben
Salz und Pfeffer aus der Mühle

Das Gemüse waschen und putzen. Die Karotte und die Kartoffeln in dünne Scheiben schneiden, Sellerieblätter, Petersilie und Zwiebel grob hacken. Die Knoblauchzehen fein hacken.

2 EL Olivenöl in die Pfanne geben. Das Gemüse hinzufügen, mit Salz und Pfeffer würzen und bei niedriger Hitze anbraten. Eventuell ½ Tasse Wasser hinzufügen.

Gemüse vom Herd nehmen und kalt werden lassen.

Die verquirlten Eier in eine Schüssel geben, das Gemüse, die Sellerieblätter und den Pecorino dazugeben und alles gut vermischen.

2 EL Olivenöl in einer zweiten Pfanne erhitzen, die Gemüse-Eier-Mischung hineingeben und von beiden Seiten braten.

Das Bauernomelette mit Petersilie bestreuen und servieren.

Fusilli con salsiccia

Fusilli-Nudeln mit Wurst

400 g Fusilli-Nudeln
1 Zwiebel
2 Knoblauchzehen
4 EL Olivenöl
1 Thymianzweig
250 g frische Salsiccia
¼ l trockener Weißwein
400 g Tomaten
100 g Parmigiano reggiano
8 Basilikumblätter
Salz und Pfeffer aus der Mühle

3 l Wasser mit 4 EL Salz zum Kochen bringen. Die Fusilli-Nudeln darin 12 Minuten bissfest kochen.

In der Zwischenzeit die gehackte Zwiebel und die fein geschnittenen Knoblauchzehen in Olivenöl hellgelb anschwitzen. Thymian und die in kleine Stücke zerteilte Salsiccia hinzufügen und kurz mitschwitzen. Mit dem Weißwein aufgießen und so lange köcheln lassen, bis er verdampft ist.

Die Tomaten häuten, entkernen und in Würfel schneiden. Die Tomatenstücke zu den anderen Zutaten in die Pfanne geben, kurz durchkochen lassen, mit Salz und Pfeffer abschmecken.

Die gekochten Fusilli-Nudeln abgießen. Dann sofort unter den Sugo mischen.

Die Nudeln und den Sugo mit der Hälfte des Parmigiano reggiano vermischen, mit den fein geschnittenen Basilikumblättern garnieren und sofort servieren. Den restlichen Parmigiano bei Tisch über die Fusilli reiben.

Gamberoni alla rustica

Garnelen in Tomatensauce

1 ½ kg Garnelen
4 Knoblauchzehen
4 Sardellenfilets
1 Bund Petersilie
1 Dose (250 g) geschälte Tomaten
4 EL Olivenöl
½ Glas Weißwein
1 Messerspitze gemahlene Peperoncini
Meersalz

Die Garnelen mit Wasser abbrausen und abtropfen lassen.

Die Knoblauchzehen schälen und mit den Sardellenfilets fein hacken. Die Petersilie waschen, mit Küchenpapier trockentupfen und ebenfalls fein schneiden. Die Tomaten abtropfen lassen und mit der Gabel zerdrücken.

In einer Kasserolle das Olivenöl erhitzen. Knoblauch, Sardellenfilets und die Petersilie leicht anbraten, dann den Weißwein zugießen und bei starker Hitze verdampfen lassen.

Die Tomaten dazugeben und bei mittlerer Hitze etwa 20 Minuten etwas einköcheln lassen. Die Garnelen in die Sauce geben und zugedeckt bei schwacher Hitze garziehen lassen.

Mit Peperonici und Meersalz abschmecken.

Insalata di arance
Orangensalat

4 Orangen
1 Fenchelknolle
1 EL Weißweinessig
4 EL Olivenöl
1 TL Rosmarin
Salz und Pfeffer aus der Mühle

Orangen gut schälen und dabei die weiße Haut entfernen. Orangen in ½ cm dicke Scheiben schneiden, dabei den Saft in einer Schale auffangen. Die Scheiben auf einer Platte anrichten.

Fenchelknolle putzen, die harten äußeren Teile entfernen und das Fenchelgrün beiseitelegen.

Den aufgefangenen Orangensaft mit dem Weißweinessig, dem Olivenöl und dem fein gehackten Rosmarin vermischen. Mit Salz und Pfeffer abschmecken.

Den klein gewürfelten Fenchel gut in der Marinade wenden, herausnehmen und über die Orangenscheiben verteilen.

Die Sauce über die angerichtete Platte gießen und mit dem Fenchelgrün garnieren.

Statt der Orangen können auch Zitronen verwendet werden.

Insalata di mari

Meeresfrüchtesalat

200 g Tintenfisch
200 g Oktopus
400 g Miesmuscheln
200 g weiße Krebse
1 Bund Petersilie
2 Knoblauchzehen
4 EL Olivenöl
3 Zitronen
Meersalz und Pfeffer aus der Mühle

Alle Meeresfrüchte gründlich waschen. Tintenfische in Scheiben schneiden, Oktopus würfeln und Krebse enthülsen.

Petersilie und Knoblauch fein hacken.

Tintenfische, Oktopus und Krebse in reichlich Salzwasser separat kochen, ebenso die Muscheln, bis sie sich öffnen.

Alle Meerestiere in eine Schüssel geben und mit Olivenöl, Zitronensaft, Meersalz und Pfeffer würzen.

Mehrere Stunden durchziehen lassen. Vor dem Servieren mit gehackter Petersilie und Knoblauch bestreuen.

Insalata di puru

Oktopussalat

1 Oktopus (ca. 1 kg)
1 Bund Petersilie
4 Knoblauchzehen
4 EL Olivenöl
Zitronensaft
Meersalz und Pfeffer aus der Mühle

Den Oktopus putzen und die Fangarme mit reichlich Salz einreiben. Nur so können alle Unreinheiten aus den Saugnäpfen entfernt werden.

In einem großen Topf Wasser zum Kochen bringen und kräftig salzen. Oktopus dreimal mit dem Kopf nach unten kurz in das kochende Wasser eintauchen, damit sich die Fangarme ringeln. Danach den Oktopus 20 Minuten kochen lassen.

Petersilie fein hacken. Oktopus in mundgerechte Stücke schneiden und mit Knoblauch, Petersilie, Pfeffer und Olivenöl würzen. Mit Zitronensaft beträufeln.

Insalata di tonno con fagioli bianchi

Thunfischsalat mit weißen Bohnen

250 g getrocknete weiße Bohnen
150 g Rucola
4 Salbeiblätter
2 Knoblauchzehen
2 EL Kapern
200 g Thunfisch aus der Dose (im eigenen Saft)
4 EL Olivenöl
2 EL Weißweinessig
Meersalz und Pfeffer aus der Mühle

Die über Nacht eingeweichten Bohnen eine gute Stunde kochen und in einem Sieb abtropfen lassen.

Rucola putzen und die Stiele abschneiden. Salbeiblätter in feine Streifen schneiden. Knoblauch fein hacken.

Die abgetropften Bohnen mit den Kapern, den Salbeiblättern und den Knoblauchzehen in einer Schüssel gut vermischen.

Den abgetropften Thunfisch mit einer Gabel in Stücke zerteilen und in die Schüssel geben. Das Olivenöl und den Essig hinzufügen und gut einrühren.

Die Salatsauce über die Bohnen mit dem Thunfisch geben. 15 Minuten einziehen lassen.

Den Rucola auf Tellern anrichten und darüber den Bohnen-Thunfisch-Salat geben.

Involtini di pesce spada

Schwertfischrouladen

600 g Schwertfisch
120 g Paniermehl
50 g geriebener Pecorino
1 EL Kapern
10 grüne Oliven
1 EL gehackte Petersilie
1 EL Tomatenpüree
3 EL Olivenöl
1 rote Pfefferschote
1 Zwiebel
einige Lorbeerblätter
1 Zitrone
2 Knoblauchzehen
1 Prise Oregano
Meersalz

Den Schwertfisch in einer Pfanne mit etwas Olivenöl 2 - 3 Minuten dünsten. Anschließend den Fisch in dünne Scheiben schneiden.

In einer Schüssel Paniermehl, geriebenen Pecorino, Kapern, Oliven, gehackte Petersilie und Tomatenpüree mischen. Olivenöl darübergießen, Salz und gehackte Pfefferschote zugeben. Alles gut verrühren und auf den Schwertfischfilets verteilen.

Die Filets wie Rouladen aufrollen und abwechselnd mit rohen Zwiebelscheiben und Lorbeerblättern auf Spieße stecken.

Die Spieße grillen und dabei gelegentlich mit etwas 'salmoriglio' übergießen (Marinade aus Öl, heißem Wasser und Zitronensaft).

Salzen und pfeffern, Knoblauch, Oregano und Petersilie zugeben. Im mäßig heißen Backofen 20 Minuten auf dem Grillgitter garen lassen.

Linguine alle vongole
Bandnudeln mit Venusmuscheln

4 mittelgroße Zucchini
2 Schalotten
2 Knoblauchzehen
½ Bund Petersilie
4 EL Olivenöl
400 g Venusmuscheln
400 g Bandnudeln
Meersalz und Pfeffer aus der Mühle

Die Zucchini waschen, abtrocknen und in Scheiben schneiden. Schalotten und Knoblauch fein hacken, Petersilie ebenfalls hacken.

2 EL Olivenöl in eine Auflaufform geben. Die Zucchinischeiben mit den Schalotten vermischen und in die Form schichten. Für etwa 15 Minuten bei 150 °C in den vorgeheizten Backofen schieben.

Im restlichen Öl die Knoblauchzehen goldgelb rösten und herausnehmen. Die Venusmuscheln dazugeben und bei geschlossenem Deckel erhitzen. Sobald sich die Muscheln geöffnet haben, Petersilie, Knoblauch und Zucchini dazugeben. Einige Minuten ziehen lassen und vom Herd nehmen.

Die Bandnudeln in kochendes Salzwasser geben und fast fertig garen. Abgießen, die Bandnudeln zu den Venusmuscheln und den Zucchini geben und zu Ende garen.

Linguine con gamberi e bottarga di tonno
Bandnudeln mit Krabben und Thunfischrogen

400 g Auberginen
2 Knoblauchzehen
Olivenöl
400 g Krabben
½ Bund Petersilie
1 Glas Weißwein
50 g Thunfischrogen
400 g Bandnudeln
6 Minzblätter
Meersalz und Pfeffer aus der Mühle

Die Auberginen in Streifen schneiden und unter dem Grill im Backofen rösten.

Die gehackten Knoblauchzehen in einer großen Pfanne in heißem Olivenöl andünsten und die Krabben mit der gehackten Petersilie hinzugeben. Etwa 3 Minuten scharf anbraten, dann salzen und mit Wein ablöschen.

Während des Einkochens den Thunfischrogen über die Krabben reiben. Die Auberginen in die Pfanne geben und durchrühren.

Inzwischen die Bandnudeln bissfest kochen, ebenfalls in die Pfanne geben, unterrühren und mit den Minzblättern garnieren.

Lingua con le acciughe
Kalbszunge in Sardellensauce

1 Kalbszunge (ca. 600 g)
1 Bund mediterrane Kräuter
1 Stange Staudensellerie
12 Sardellenfilets
1 Knoblauchzehe
3 EL Olivenöl
2 EL Weißweinessig
1 Zitrone
100 g eingelegte Pilze
Meersalz und Pfeffer aus der Mühle

In einem großen Topf Wasser das Kräuterbündel und den geschnittenen Staudensellerie zum Kochen bringen. Die Kalbszunge hineingeben und etwa 1 Stunde garen lassen. Sie ist gar, wenn sich die Spitze mit einer Gabel leicht durchstechen lässt.

Während die Kalbszunge kocht, die Sardellensauce vorbereiten: Die Sardellenfilets mit Wasser abspülen und mit der fein gehackten Knoblauchzehe in eine Pfanne mit Olivenöl geben.

Die Sardellen langsam erhitzen, dabei zu einem Brei zerdrücken und abkühlen lassen.

Die Kalbszunge aus dem Topf nehmen, den Weißweinessig darübergießen und schräg in dicke Scheiben schneiden.

Die Scheiben abwechselnd mit Zitronenscheiben auf einer Platte anrichten, mit der Sardellensauce übergießen und mit den eingelegten Pilzen garnieren.

Macedonia

Bunter Obstsalat

200 g Erdbeeren
200 g Kirschen
200 g Aprikosen
1 große Orange
4 EL süßer Marsalawein
1 TL Vanillezucker
2 EL Zucker
24 Pinienkerne

Erdbeeren waschen und die Stiele entfernen. Kirschen und Aprikosen waschen, entsteinen, vierteln bzw. halbieren. Alle Obstsorten vermischen.

Orange auspressen. Saft mit Marsalawein, Zucker und Vanillezucker verrühren, bis sich der Zucker aufgelöst hat.

Obst mit der Sauce übergießen und vorsichtig vermischen. Den Obstsalat mindestens 1 Stunde ruhen lassen.

Vor dem Servieren Pinienkerne in einer Pfanne ohne Fett anrösten und über den Obstsalat streuen.

Frisches Obst kann mit eingemachtem Obst vermischt werden.

Milinciani a canazzu

Auberginen mit Tomatensauce

4 Auberginen
200 g Tomaten
1 weiße Zwiebel
4 EL Olivenöl
¼ l Wasser
Salz und Pfeffer aus der Mühle

Auberginen und Tomaten würfeln, Zwiebel fein hacken.

Die Auberginen in Salzwasser ca. 15 Minuten ziehen lassen. Unter fließendem Wasser abspülen und trockentupfen.

In eine Pfanne das Olivenöl, die gehackte Zwiebel, die Auberginen und die gewürfelten Tomaten geben.

Bei milder Hitze ca. 15 Minuten mit dem Wasser garen lassen

Mit Salz und Pfeffer abschmecken.

Den gegarten Auberginen können noch grob gewürfelte, gekochte Kartoffeln hinzugefügt werden.

Minestra con le castagne
Kastaniensuppe

1 kg Kastanien
1 scharfe rote Chilischote
2 Knoblauchzehen
1 Bund Bergfenchelkraut
400 g Ditalini-Nudeln
2 EL Olivenöl
Salz und Pfeffer aus der Mühle

Die Chilischote waschen, trockentupfen, entkernen, die Rippen herausschneiden und in Streifen schneiden. Die Knoblauchzehen fein hacken. Das Fenchelkraut waschen und in Stücke schneiden.

Die eingeritzten Kastanien 10 Minuten in kochendes Wasser geben. Schälen und mit dem Fenchelkraut wieder in kochendes Wasser geben.

Wenn die Kastanien verkocht sind, die bereits bissfest gekochten Ditalini-Nudeln und den Knoblauch dazugeben und mit Salz und Pfeffer abschmecken.

Die Kastanien mit den Nudeln nochmals kurz aufkochen lassen und das Olivenöl dazugeben. Sollte die Suppe zu dickflüssig sein, etwas Wasser hinzufügen.

Die Kastaniensuppe ist ein traditionelles Gericht aus den Bergen um Palermo.

Minestra di riso all'erbe

Reissuppe mit Kräutern

1 l Hühnerbrühe
2 Knoblauchzehen
1 Lorbeerblatt
100 g Langkornreis
½ Bund Petersilie
½ Bund Basilikum
8 Salbeiblätter
1 EL Olivenöl
Salz und Pfeffer aus der Mühle

In einem Kochtopf die Hühnerbrühe mit den klein gehackten Knoblauchzehen und dem Lorbeerblatt zum Sieden bringen. In die kochende Brühe den Reis geben und 20 Minuten kochen lassen.

In der Zwischenzeit Petersilie, Basilikum und Salbeiblätter waschen und fein hacken.

In die fertige Reissuppe geben und das Olivenöl hinzufügen.

Mit Salz und Pfeffer abschmecken.

Misto di erbe selvatiche
Gedünstete Wildkräuter

1 kg gemischte Wildkräuter
  (z. B. Frauenspiegel, Leimkraut, Gänsedistel, Rauke, Sauerampfer usw.)
2 Knoblauchzehen
150 g magerer Speck
Olivenöl
Salz und Pfeffer aus der Mühle

Die Wildkräuter verlesen, waschen, abtropfen lassen und mit den Knoblauchzehen fein hacken.

½ l Salzwasser zum Kochen bringen. Die Wildkräuter hineingeben und 10 Minuten garen lassen. Das Salzwasser wegschütten und die Wildkräuter sehr gut abtropfen lassen.

Den mageren Speck in kleine Würfel schneiden, mit dem Knoblauch und dem Olivenöl in die Pfanne geben und anbraten.

Wildkräuter mit dem Speck vermischen, 2-4 Minuten weiterdünsten und mit Salz und Pfeffer abschmecken. Dabei öfter mit einem Holzlöffel umrühren.

Etwas Natron im Kochwasser verkürzt die Garzeiten von Gemüse, z. B. von Bohnen, Brokkoli und auch von Wildkräutern, und erhält deren frische Farbe.

Montecato di melone
Meloneneis

1 Honigmelone
4 EL Zucker
4 EL Zitronensaft
1 EL Pinienkerne
½ EL Sultaninen
1 Prise Zimt
etwas Zitronat

Den Zucker mit 8 EL Wasser langsam unter Rühren erhitzen, bis er sich aufgelöst hat. Einige Minuten bei milder Hitze köcheln, danach abkühlen lassen.

Melone schälen und entkernen. Das Fruchtfleisch zerkleinern, pürieren und den Zitronensaft unterrühren.

Abgekühltes Zuckerwasser untermischen und das Melonenpüree in eine gefrierfeste Schüssel füllen. Pinienkerne, Sultaninen, Zimt und Zitronat zufügen.

Im Tiefkühlfach ca. 1 Stunde halbfest werden lassen, herausnehmen und durchrühren. Danach wieder ins Gefrierfach stellen und erstarren lassen.

Etwa 30 Minuten vor dem Servieren herausnehmen und antauen lassen. Kräftig verrühren und in Gläser füllen.

Nasello al forno
Seehecht im Ofen gebacken

1 küchenfertiger Seehecht (ca. 1 kg)
1 Bund Kräuter (Salbei, Thymian, Petersilie)
2 Knoblauchzehen
Olivenöl nach Belieben
100 g Mehl
1 EL Kapern
1 kleines Glas Weißwein
1 Zitrone
Salz und Pfeffer aus der Mühle

Den Seehecht sorgfältig waschen und trockentupfen.

Salbei, Thymian, Petersilie und Knoblauchzehen fein hacken.

Den Seehecht in eine Schale geben und innen mit den Kräutern, Knoblauch und Pfeffer würzen. Leicht mit Olivenöl übergießen und mindestens 30 Minuten ziehen lassen.

Den Fisch herausnehmen, salzen und pfeffern und leicht in Mehl wenden. In einer großen Pfanne etwas Olivenöl erhitzen und den Fisch auf jeder Seite ca. 5 Minuten anbraten.

Eine feuerfeste Form einölen und den Fisch hineingeben. Die Kapern hinzufügen und etwas Weißwein darüberträufeln.

Bei 200 °C (Umluft 180 °C) ca. 45 Minuten im Backofen garen. Zwischendurch immer wieder den Sud abschöpfen und über den Fisch gießen.

Den Seehecht mit Zitronenscheiben servieren.

Für ganze Fische gibt es eine einfache Garprobe. Der Fisch ist gar, wenn sich die Rückenflosse leicht herausziehen lässt.

Orata arrosta all'erbe
Goldbrasse mit Kräutern

4 küchenfertige Goldbrassen (ca. 1 kg)
1 Bund Petersilie
4 Salbeiblätter
½ Glas trockener Weißwein
2 Zitronen
2 EL Olivenöl
2 Gewürznelken
2 Lorbeerblätter
1 Prise Thymian
1 Prise Oregano
Mehl zum Wenden
Meersalz und Pfeffer aus der Mühle

Die Goldbrassen waschen, trockentupfen und beidseitig zickzackförmig mit einem scharfen Messer leicht einschneiden.

Petersilie waschen, fein hacken und 1 EL davon beiseitelegen. Salbeiblätter fein hacken.

Weißwein, Zitronensaft und Olivenöl mit etwas Pfeffer mischen. Gewürznelken und zerdrückte Lorbeerblätter hinzugeben, ebenso die kleingehackten Salbeiblätter, eine Prise Thymian und eine Prise Oregano. Die Fische mit der Marinade begießen und 3 Stunden im Kühlschrank ziehen lassen.

Den Fisch aus der Marinade nehmen, abtropfen lassen, salzen und leicht in Mehl wenden. In einer großen Pfanne von beiden Seiten in wenig Olivenöl goldbraun braten.

Fische zerfallen beim Wenden in der Pfanne nicht und werden knuspriger, wenn man etwas Zitronensaft in das Öl gibt.

Pasta al sugo d'agnello

Bandnudeln mit Lammragout

600 g mageres Lammfleisch ohne Knochen
1 Zwiebel
3 - 4 Knoblauchzehen
½ Bund Thymian
1 getrocknete Peperoncino
4 EL Olivenöl
1/8 l trockener Weißwein
400 g Tomaten
400 g Bandnudeln
Salz und Pfeffer aus der Mühle

Lammfleisch in kleine Würfel schneiden. Zwiebel und Knoblauch schälen und fein hacken. Thymian waschen und Blättchen von den Stielen streifen. Peperoncino zerkrümeln.

In einem Schmortopf 3 EL Olivenöl erhitzen, Fleisch in 4 Portionen darin anbraten und herausnehmen. Zwiebeln, Knoblauch, Thymian und Peperoncino im gleichen Topf andünsten. Fleisch wieder dazugeben und mit Wein ablöschen. Salzen und zugedeckt bei schwacher Hitze 1 Stunde schmoren. Falls nötig, dabei noch etwas Weißwein nachgießen.

Wenn das Fleisch fast fertig ist, Tomaten waschen, schälen und würfeln. Im übrigen Olivenöl ohne Deckel 10 Minuten leicht einkochen lassen.

Die Nudeln in reichlich Salzwasser bissfest kochen. Mit dem Lammragout mischen.

Pasta alla Norma
Spaghetti alla Norma

400 g Spaghetti
1 kg reife Tomaten
2 mittelgroße Zwiebeln
4 Knoblauchzehen
1 Bund Basilikum
4 Auberginen
Olivenöl nach Belieben
200 g Ricotta-Käse
Salz und Pfeffer aus der Mühle

Tomaten schälen und in kleine Stücke schneiden. Zwiebeln, Knoblauchzehen und Basilikumblätter fein hacken. Auberginen in Scheiben schneiden und 1 Stunde in eine Schale mit Salzwasser legen.

In der Zwischenzeit die Tomatensauce vorbereiten: In eine heiße Pfanne mit Olivenöl Zwiebeln, Knoblauch, Basilikum und die in Stücke geschnittenen Tomaten geben und mit Salz und Pfeffer abschmecken. Das Gemüse bei geringer Hitze garen, bis die Flüssigkeit verdampft ist. Durch ein Sieb passieren und noch etwas Olivenöl dazugeben.

Die Auberginen aus dem Wasser nehmen, gründlich waschen, ausdrücken und mit Küchenpapier abtrocknen. In eine Pfanne mit reichlich Olivenöl geben und braten.

In einem großen Topf mit Salzwasser die Spaghetti bissfest kochen. Mit einer großen Gabel herausnehmen, in eine Schale geben, mit der Tomatensauce bedecken und mit Ricotta gut vermischen.

Die Auberginen auf die Spaghetti mit Tomatensauce legen und mit Basilikumblättern garnieren.

Pasta con le sarde

Makkaroni mit Sardinen

400 g Makkaroni
400 g Sardinen
4 junge Fenchelknollen mit viel Grün
Olivenöl
1 große Zwiebel
70 g geröstete Mandelsplitter
30 g geröstete Pinienkerne
40 g eingeweichte Korinthen
4 Anchovis
1 Tütchen Safran
70 g geröstete Brotkrumen
Meersalz und Pfeffer aus der Mühle

Sardinen ausnehmen, Schwanz, Kopf und Gräten entfernen, abwaschen und abtropfen lassen.

Fenchelknollen in Salzwasser kochen, abtropfen lassen und klein schneiden. Das Fenchelkochwasser für die Makkaroni beiseitestellen.

Olivenöl in einem Topf erhitzen. Zwiebelwürfel darin glasig rösten, Mandelsplitter und Pinienkerne hinzufügen. Die Korinthen und zum Schluss die mit einer Gabel zerdrückten Anchovis dazugeben.

Den Safran in lauwarmem Wasser auflösen und dazugeben. Topf vom Herd nehmen.

Die Sardinen in einer Pfanne mit Olivenöl braten und auf Küchenkrepp auslegen. In die gleiche Pfanne die gekochten, klein geschnittenen Fenchelknollen sowie die Anchovis geben und mit einem Holzlöffel verrühren.

Die Makkaroni im Fenchelwasser bissfest kochen und absieben.

In eine mit Olivenöl bestrichene Auflaufform schichtweise Makkaroni, geröstete Zwiebelwürfel, Pinienkerne, Mandelsplitter, Anchovis, die gekochten Fenchelknollen und die gebratenen Sardellen geben, insgesamt bis zu drei Schichten. Die letzte Schicht mit den gerösteten Brotkrumen bestreuen. Im vorgeheizten Backofen 10 Minuten bei 180°-200 °C überbacken.

Pasta alla trapanisi
Bandnudeln nach der Art von Trapani

400 g schmale Bandnudeln (Bavette)
4 Knoblauchzehen
1 Bund Basilikum
4 reife Tomaten
4 EL Olivenöl
Salz und Pfeffer aus der Mühle

Knoblauchzehen und Basilikum fein hacken.

Die Bandnudeln in reichlich Salzwasser bissfest kochen.

Während die Bandnudeln kochen, die Tomaten mit kochendem Wasser überbrühen, abschrecken und die Haut abziehen. Tomaten halbieren und grob würfeln. Mit Knoblauch, Basilikum und Olivenöl vermischen, salzen und pfeffern.

Eine Pfanne einölen, die Tomatenmischung hineingeben und 5 Minuten köcheln lassen.

Die Bandnudeln mit der Sauce vermischen und sofort servieren.

Die Sauce schmeckt noch besser, wenn man sie einige Stunden ziehen lässt.

Pasta cu i ammari

Nudeln mit Krebsen

400 g Spaghetti
4 reife Tomaten
1 kleiner Bund Petersilie
4 Knoblauchzehen
16 mittelgroße Krebse
8 EL Olivenöl
¼ l trockener Weißwein
Salz und weißer Pfeffer

Tomaten schälen und würfeln. Petersilie und Knoblauchzehen fein hacken.

Krebse schälen, ohne die Köpfe zu entfernen. Zusammen mit dem Knoblauch in einer Pfanne mit Olivenöl andünsten.

Mit dem Weißwein ablöschen, die Tomaten dazugeben, mit Salz und Pfeffer abschmecken und mit 1 EL Wasser verdünnen. Bei mittlerer Hitze ca. 10 Minuten garen.

Die Spaghetti 8-10 Minuten in reichlich Wasser bissfest kochen. Spaghetti mit der Sauce vermischen und mit gehackter Petersilie bestreuen.

Mit den Krebsen garnieren und sehr warm servieren.

Pasta cu i linticchia

Nudeln mit Linsen

300 g Ditalini-Nudeln
500 g getrocknete Linsen
1 Zwiebel
1 Karotte
1 Stange Staudensellerie
1 Fenchelknolle
2 mittelgroße Zwiebeln
2 Knoblauchzehen
2 mittelgroße Tomaten
3-4 EL Olivenöl
Salz und Pfeffer aus der Mühle

Die Linsen in einem Topf mit Salzwasser über 12 Stunden einweichen.

Zwiebel, Karotte, Selleriestange, Fenchelknolle, Zwiebeln und Knoblauchzehen hacken und geschälte Tomaten würfeln.

Gemüse und Knoblauch in einer Pfanne mit Olivenöl andünsten, salzen und pfeffern.

In einen großen Topf die eingeweichten Linsen geben, weichkochen und das Wasser abgießen.

Die Ditalini-Nudeln bissfest kochen und zusammen mit dem Gemüse zu den Linsen geben und zusätzlich 8-10 Minuten schmoren lassen. Bei Bedarf Wasser zugießen.

Vor dem Servieren nochmals mit Salz und Pfeffer abschmecken und mit 1-2 EL Olivenöl anrichten.

Patate alloro
Lorbeer-Kartoffeln

8 festkochende Kartoffeln
8 Lorbeerblätter (möglichst klein)
2 Knoblauchzehen
4 EL Olivenöl
Salz und Pfeffer aus der Mühle

Die Kartoffeln waschen, mit Küchenpapier trockentupfen und der Länge nach tief einschneiden. Nicht durchschneiden! In den Spalt der Kartoffeln jeweils ein Lorbeerblatt legen.

Den Backofen auf 200 °C vorheizen.

Die Kartoffeln auf das Backblech oder in eine ofenfeste Form legen. Knoblauchzehen schälen und mit der Knoblauchpresse zu den Kartoffeln drücken. Salzen, pfeffern und das Olivenöl darübergießen. Alles vorsichtig mischen, so dass die Kartoffeln gleichmäßig mit Öl überzogen sind.

Das Backblech bzw. die feuerfeste Form in den Backofen schieben und etwa 1 Stunde bei 200 °C backen.

Lorbeerkartoffeln sind eine schmackhafte Beilage zu kurz gebratenem Fleisch, aber auch zu gegrilltem Fisch.

Peperoni alla griglia alla siciliana
Paprikasalat nach sizilianischer Art

4 Paprikaschoten (rot, gelb, grün)
2 Knoblauchzehen
1 Zwiebel
1 Bund Petersilie
4 EL Olivenöl
1 TL Weißweinessig (aceto balsamico)
1 EL Zitronensaft
Salz und bunter Pfeffer aus der Mühle

Die Paprikaschoten waschen, Stielansatz entfernen, Schoten halbieren, Kerne und Zwischenrippen entfernen, Schoten in Streifen schneiden.

Die Knoblauchzehen und die Zwiebel schälen und mit der gewaschenen Petersilie fein hacken.

Den Backofen auf 180 °C vorheizen. Die Paprikastreifen auf den mit Alufolie ausgelegten Rost legen und einige Minuten braten. Herausnehmen und in eine Schüssel geben.

Knoblauch, Petersilie und Zwiebel mischen, salzen, pfeffern und in die Schüssel geben. Olivenöl, Weißweinessig und Zitronensaft darübergießen und mit den Paprikastreifen und dem Gemüsegemisch vermengen.

Vor dem Servieren 20 bis 30 Minuten durchziehen lassen.

Für die Zubereitung von Salaten gilt: „Insalata ben salata, poco aceto, bene oliata … e da un pazzo rivoltata." Die Regel lautet: „Gut gesalzen, wenig Essig, gut geölt … und von einem Irren umgerührt."

Pesce spada alla griglia
Gegrillte Schwertfischsteaks

4 Schwertfischsteaks à 150 – 200 g
Saft von 1 Zitrone
1 TL abgeriebene Zitronenschale
5 EL Olivenöl
1 TL Oregano
8 Zitronenachtel zum Garnieren
Meersalz und Pfeffer aus der Mühle

Schwertfischsteaks waschen und trockentupfen. Grill auf höchster Stufe vorheizen.

Fisch in eine Schale legen. Zitronensaft, -schale, Olivenöl und Oregano verrühren, bis die Marinade dick und trüb ist. Salz und Pfeffer hinzufügen.

Den Fisch rundum mit der Marinade bestreichen. Von beiden Seiten ca. 10 Minuten grillen, dabei konstant mit der restlichen Sauce beträufeln, bis er keinen Widerstand mehr bietet, wenn er mit einer Gabel gedrückt wird.

Vor dem Servieren mit Zitronenachteln garnieren.

Pesce spada in cartoccio

Schwertfischsteaks in Alufolie

4 Schwertfischsteaks à 150 – 200 g
4 EL Olivenöl
etwas Balsamicoessig
1 Bund Petersilie
4 Zitronenscheiben
1 TL Kapern
Meersalz und weißer Pfeffer
Alufolie

Den Backofen auf 220 °C vorheizen.

Die Schwertfischsteaks kurz waschen und trockentupfen. Jedes Steak einzeln auf ein Stück Alufolie legen, mit Olivenöl bestreichen und etwas Balsamicoessig darüberträufeln. Salzen, pfeffern und mit Petersilie bestreuen. Zitronenscheiben und einige Kapern daraufgeben.

Steaks fest in der Folie verschließen und auf ein Blech setzen.

Im 220 °C heißen Backofen ca. 40 Minuten garen.

Die Päckchen auf eine vorgewärmte Platte legen und erst bei Tisch öffnen, so dass kein Saft heraustritt.

Petti d'anatra con i pinoli

Entenbrust mit Pinienkernen

4 Entenbrüste à 150-200 g
Olivenöl
2 Knoblauchzehen
1 Zweig Rosmarin
3 EL Pinienkerne
Saft und Schale 1 Orange
½ Glas trockener Rotwein
Salz und weißer Pfeffer
1 Orange zum Garnieren

Den Backofengrill vorheizen.

Die gewaschenen und abgetrockneten Entenbrüste von Fett und Sehnen befreien. Von beiden Seiten ca. 3 Minuten grillen, bis sich die Poren geschlossen haben.

In einer Pfanne Olivenöl langsam mit dem fein gehackten Knoblauch, dem Rosmarinzweig, den Pinienkernen und der Orangenschale erhitzen und bei geringer Hitze ca. 5 Minuten rühren.

Entenbrüste hineinlegen und weitere 15-20 Minuten bei geringer Hitze garen. Rotwein dazugeben, salzen und pfeffern. Wiederholt wenden.

Entenbrüste auf einem gewärmten Teller anrichten. Orangensaft in die Pfanne gießen, mit den übrigen Zutaten verrühren und kurz aufkochen lassen.

Orangensauce über die Entenbrüste gießen und mit Orangenscheiben garnieren.

Piccioni allo spiedo

Tauben am Spieß

4 junge Tauben
4 EL Olivenöl
1 Zitrone
2 Knoblauchzehen
8 Salbeiblätter
1 EL Rotweinessig (Balsamico rosso)
¼ l trockener Rotwein
einige schwarze Oliven
Salz und bunter Pfeffer

Die Tauben ausnehmen, Herz, Leber und Magen säubern und wieder in die Tauben füllen. Am Bauch zunähen und auf den Spieß stecken. Salzen, pfeffern und mit Olivenöl bepinseln.

Die Zitrone in Scheiben schneiden. Die Knoblauchzehen schälen. Die Salbeiblätter in feine Streifen schneiden.

Die Tauben bei nicht allzu großer Hitze etwa 20 Minuten lang grillen. In die Auffangschale des Grills Rotweinessig und Rotwein gießen, Salbeiblätter, zerdrückte Knoblauchzehen und Zitronenscheiben dazugeben. Auf diese Weise tropft der Bratensaft von den Tauben in die Auffangschale und vermengt sich dort mit allen Zutaten. Die Tauben während des Grillvorganges mehrmals mit der würzigen, heißen Sauce aus der Auffangschale bepinseln.

Nach dem Grillen die Tauben halbieren und mit schwarzen Oliven auf einer Servierplatte anrichten. Mit dem Bratensaft übergießen und mit buntem Pfeffer bestreuen.

Das bratfertige Gewicht der Tauben liegt zwischen 200 und 300 g. Wildtauben sind größer als Zuchttauben und haben ein dunkleres Fleisch. Alle Tauben schmecken besonders gut, wenn man sie nach dem Schlachten nicht ausbluten lässt.

Pizzelle fritte

Frittierte Minipizzas

2 Knoblauchzehen
1 Bund Basilikum
400 g reife Tomaten
400–500 g backfertiger Pizzateig
reichlich Öl zum Frittieren
Salz und Pfeffer aus der Mühle

Die Knoblauchzehen schälen und fein hacken. Die Basilikumblätter abzupfen, waschen und grob schneiden.

Die Tomaten mit kochendem Wasser überbrühen, schälen und in kleine Stücke schneiden.

Tomaten, Knoblauch und Basilikum verrühren, salzen und pfeffern.

Den backfertigen Pizzateig vorbereiten: Kleine Fladen von der Form einer Espresso-Untertasse formen und so lange mit der Hand flachdrücken, bis der Pizzateig nicht dicker als 1 cm ist.

In einem Topf reichlich Öl erhitzen. Die Pizzafladen im heißen Öl schwimmend ausbacken und auf Küchenkrepp abtropfen lassen.

Mit der Mischung aus Tomaten, Knoblauch und Basilikum belegen und sofort servieren.

Eine alte Empfehlung lautet: Kurz vor dem Anrichten der Speisen etwas Olivenöl von hervorragender Qualität zugeben.

Pollo all'arancia

Hähnchen mit Orangen

1 küchenfertiges Brathähnchen
2 Orangen
½ Bund Rosmarin
2 Lorbeerblätter
2 Zwiebeln
1 getrocknete Peperoncinoschote
4 EL Olivenöl
1 Glas trockener Weißwein
1 EL schwarze Oliven ohne Stein
2 EL Orangenmarmelade
Salz und Pfeffer aus der Mühle

Das Hähnchen in 8 Stücke teilen. Mit Salz und Pfeffer einreiben. Orangen auspressen. Rosmarin und Lorbeer waschen. Zwiebeln schälen, halbieren und in feine Streifen schneiden. Peperoncino zerkrümeln.

Olivenöl in einem Schmortopf erhitzen. Die Hähnchenstücke darin in 2 Portionen rundum gut anbraten und wieder herausnehmen.

Zwiebeln im Bratfett anbraten, Kräuter hinzufügen und mit dem Orangensaft und dem Weißwein ablöschen. Salzen und pfeffern, Peperoncino, Oliven und Orangenmarmelade dazugeben.

Hähnchenstücke wieder in den Topf legen und zugedeckt bei schwacher Hitze 40 Minuten schmoren.

Pollo alla diavolo
Scharfes Grillhähnchen

1 küchenfertiges Brathähnchen
1 Zweig Rosmarin
1 Zweig Salbei
2 Knoblauchzehen
3 getrocknete Peperoncini
3-4 EL Zitronensaft
5 EL Olivenöl
Salz und Pfeffer aus der Mühle

Das Brathähnchen innen und außen gut waschen und trockentupfen. Auf ein Brett legen und mit der Geflügelschere in zwei Hälften teilen.

Die Kräuter waschen und trockenschütteln. Von den Stielen zupfen und grob zerschneiden. Knoblauchzehen und Peperoncini fein hacken.

Den Zitronensaft mit Olivenöl, Kräutern, Knoblauchzehen und Peperoncini verrühren, pfeffern und salzen.

Die Hähnchenhälften mit der Mischung bestreichen. Die Teile mit Klarsichtfolie abdecken und mindestens vier Stunden ziehen lassen.

Backofen auf 200 °C vorheizen. Die Hähnchenteile auf das Backblech legen und unter dem Grill ca. 30 Minuten grillen, dann umdrehen und weitere 30 Minuten grillen.

Backofen auf 220 °C schalten und weitere 5 Minuten grillen, bis die Haut goldbraun ist.

Mit der Spitze eines dünnen Messers in die dickste Stelle der Keule stechen. Wenn klarer Saft austritt, ist das Grillhähnchen gar.

Pomodori alla messinese
Gefüllte Tomaten nach der Art von Messina

8 feste Tomaten
½ Bund Petersilie
1 Zwiebel
2 Knoblauchzehen
100 g Semmelbrösel
6 EL Olivenöl
8 Sardellenfilets
1 ½ EL Kapern
1 Prise Oregano
Salz und Pfeffer aus der Mühle

Petersilie waschen und hacken, Zwiebel und Knoblauchzehen fein hacken.

Tomaten waschen, abtrocknen, quer durchschneiden und aushöhlen. Mit ½ TL Salz bestreuen, mit der Höhlung nach unten 15 Minuten Wasser ziehen lassen, dann trockentupfen.

Die Semmelbrösel in 1 EL Olivenöl rösten und beiseitestellen.

3 EL Olivenöl in einen Topf geben, die gehackte Zwiebel darin glasig dünsten, den Knoblauch sowie die Sardellenfilets hinzufügen und zerfallen lassen.

Anschließend den Topf vom Herd nehmen, Kapern dazugeben, alles gut vermischen und mit Oregano, Salz und Pfeffer abschmecken. Die Tomaten mit dieser Masse füllen.

Eine Auflaufform mit Olivenöl einfetten. Die gefüllten Tomaten hineingeben, mit 1-2 EL Olivenöl beträufeln und die Semmelbrösel darüberstreuen.

Den Backofen auf 180 °C vorheizen und die Tomaten 25-30 Minuten überbacken.

Porco con fagioli

Schweinefleisch mit Bohnen

250 g getrocknete weiße Bohnen
600 g Schweinefleisch (Nacken)
2 EL Olivenöl
2 Zwiebeln
3 Knoblauchzehen
½ TL Kreuzkümmel
2 Lorbeerblätter
2 EL Tomatenmark
½ Bund Petersilie
Salz und Pfeffer aus der Mühle

Die getrockneten weißen Bohnen am Vorabend in kaltem Wasser einweichen. Am nächsten Tag im Einweichwasser ca. 1 Stunde kochen und warm stellen.

Das Schweinefleisch in mittelgroße Würfel schneiden und 45 Minuten in einem Topf mit Olivenöl schmoren lassen.

Die Bohnen abgießen, abtropfen lassen und unter das Schweinefleisch mischen.

Zwiebeln, Knoblauch, Kreuzkümmel, Lorbeerblätter und Tomatenmark hinzugeben, salzen und pfeffern. Hitze kurz verstärken.

Schweinefleisch und Bohnen mit gehackter Petersilie bestreuen.

Schweinefleisch erhält beim Garen ein würzigeres Aroma, wenn man einige Wacholderbeeren mitgart.

Pollo con mattone

Hähnchen unter dem Ziegelstein

1 Brathähnchen oder 1 junges Masthuhn (1,5 kg)
Oregano, Thymian, scharfer Paprika, Rosmarinnadeln, Basilikum und weißer Pfeffer nach Belieben
4 Knoblauchzehen
6 EL Olivenöl
Salz und Pfeffer aus der Mühle
1 Rosmarinzweig
Alufolie
Steine mit einem Gesamtgewicht von 5 kg

Gewürze mischen und Knoblauch hacken.

Hähnchen waschen, trockentupfen und mit der Geflügelschere am Rücken der Länge nach aufschneiden.

Beide Hähnchenhälften mit der Gewürzmischung und dem gehackten Knoblauch einreiben, salzen und mit 3 EL Olivenöl bestreichen.

Die Gewürzmischung mindestens 12 Stunden einziehen lassen.

3 EL Olivenöl in einem großen Bräter erhitzen. Hähnchenteile mit der Hautseite nach unten hineingeben und mit den Steinen, die in Alufolie gewickelt wurden, beschweren.

Hähnchenteile bei 220 °C 20 Minuten garen, dann wenden und weitere 15 Minuten ohne Steine garen. Das Huhn ist gar, wenn nach einer Probe mit einem scharfen Messer klarer Saft austritt.

Das fertige Huhn kann man mit dem Rosmarinzweig bedeckt noch 10 Minuten ruhen lassen. Das steigert den Wohlgeschmack.

In vielen Regionen Italiens gibt es für die Zubereitung von 'pollo con mattone' speziell glasierte Töpfe.

Pupiteddi murati

Polypen mit Tomatensauce

8 kleine Polypen à 100 g
4 reife Tomaten
1 Zwiebel
4 Knoblauchzehen
1 Bund Petersilie
8 EL Olivenöl
100 g Mehl
Meersalz und Pfeffer aus der Mühle

Tomaten grob würfeln, Zwiebel, Knoblauchzehen und Petersilie hacken.

Die Polypen putzen und den Mund entfernen.

In einem Topf die Zwiebel und den Knoblauch in heißem Olivenöl andünsten. Die mit Mehl bestäubten Polypen dazugeben und zugedeckt garen lassen.

Nach 5 Minuten die Tomatenwürfel dazugeben und mit Salz und Pfeffer abschmecken. Alles bei milder Hitze insgesamt 20 Minuten garen lassen, bis die Polypen weich sind.

Die gegarten Polypen auf einem Teller anrichten und dabei den Sud noch leicht einkochen lassen. Über die Polypen gießen und mit Petersilie bestreuen.

Risotto con carciofi

Risotto mit Artischocken

8 Artischocken (jung und frisch)
1 Zitrone
4 EL Olivenöl
2 Knoblauchzehen
1 Bund Petersilie
400 g Reis
½ Glas trockener Marsalawein
1 l Gemüsebrühe
100 g Pecorino
Salz und Pfeffer aus der Mühle

Von den Artischocken alle äußeren Blätter entfernen, den Stiel und die Blattspitzen abschneiden, längs teilen und in feine Streifen schneiden. Die Streifen sofort in mit Zitronensaft gesäuertes Wasser legen, damit sie nicht dunkel anlaufen.

2 EL Olivenöl in einen Topf geben. Den gehackten Knoblauch und die gehackte Petersilie kurz darin andünsten und die gut abgetropften Artischocken hinzufügen. Salzen und pfeffern.

Den Reis untermischen, durchrühren und andünsten.

Den Marsalawein dazugießen, einziehen lassen und mit etwas Gemüsebrühe ablöschen. Umrühren, einkochen lassen und dabei immer wieder etwas Brühe dazugeben.

Sobald der Reis gar gekocht ist, mit Salz und Pfeffer abschmecken, das verbliebene Olivenöl und die Hälfte des Pecorino unterziehen.

Das Risotto kurz im geschlossenen Topf ruhen lassen und dann mit dem restlichen Pecorino servieren.

Scacciata

Auflauf mit Käse, Oliven und Sardellen

6 Sardellen
100 g Caciocavallo
12 schwarze Oliven ohne Stein
2 reife Tomaten
1 Zwiebel
2 Knoblauchzehen
4 EL Olivenöl
500 g Brotteig (evtl. vom Bäcker)
Salz und Pfeffer aus der Mühle

Für die Füllung Sardellen wässern, entgräten und zerkleinern.

Den Caciocavallo in dünne Scheiben schneiden. Die Oliven halbieren und die enthäuteten Tomaten in kleine Würfel schneiden. Die Zwiebel und den Knoblauch fein hacken. Diese Zutaten in eine Schale geben, gut vermischen, mit Salz und Pfeffer würzen und 1 EL Olivenöl darübergeben.

Eine Auflaufform mit 3 EL Olivenöl einfetten, auch an den Rändern. 2/3 des Brotteigs zu einem Rechteck ausrollen und damit den Boden und den Rand der Auflaufform auslegen.

Die vorbereitete Füllung hineingeben, den übrigen Brotteig ebenfalls zu einem Rechteck ausrollen, vorsichtig darüber ausbreiten und an den Rändern sanft festdrücken.

Die Decke des Brotteiges mit einer Gabel mehrmals einstechen. Den Auflauf im auf 180 °C vorgeheizten Backofen 40 Minuten backen.

Man sollte den Backofen so oft wie möglich benutzen. Fisch und Braten werden im Backofen schmackhafter als auf der Herdplatte.

Spaghetti ai capperi

Spaghetti mit einer Sauce aus Kapern und Tomaten

500 g Spaghetti
4 vollreife Tomaten
4 EL Olivenöl
2 Knoblauchzehen
2 EL fein geschnittenes Basilikum und Petersilie
2 EL Kapern
1 ½ EL schwarze Oliven ohne Stein
2 EL Weißbrotbrösel
1 EL geschälte Mandeln
Salz und Pfeffer aus der Mühle

Die Spaghetti in Salzwasser bissfest kochen.

In der Zwischenzeit die Tomaten schälen, grob würfeln und in heißem Olivenöl schmoren lassen.

Den Knoblauch fein hacken und zusammen mit den Kräutern, den Kapern und den Oliven zu den Tomaten geben.

3 Minuten dünsten, abschmecken und mit den abgetropften Spaghetti vermischen.

Die Weißbrotbrösel mit den gehackten Mandeln in einer Pfanne leicht anrösten und die Kräuter hinzufügen. Die Mischung über die Spaghetti streuen.

Spaghetti alla puttanesca
Spaghetti nach Art der leichten Mädchen

500 g Spaghetti (aus Hartweizengrieß)
4 eingelegte Sardellenfilets
12 schwarze Oliven ohne Stein
2 EL Kapern
2 Knoblauchzehen
1 rote Peperoni
4 EL Olivenöl
250 g geschälte Tomaten aus der Dose
½ Bund Petersilie
Salz und weißer Pfeffer

Spaghetti in 1 ½ l Salzwasser 10-12 Minuten bissfest kochen.

Sardellenfilets abspülen, abtrocknen, zerkleinern und mit einer Gabel fein zerdrücken.

Oliven, Kapern und Knoblauchzehen fein hacken. Peperoni entkernen und in Ringe schneiden.

In einer Pfanne Olivenöl erhitzen. Das Gemüse und die Tomaten mit den Sardellenfilets hineingeben und andünsten. Unter ständigem Rühren etwas köcheln lassen. Mit wenig Salz und Pfeffer würzen.

In eine Schale die abgetropften Spaghetti geben, die Sauce darübergießen und vermischen. Fein gehackte Petersilie über das fertige Pastagericht streuen.

Steak arrustu

Steak nach der Art von Palermo

4 Filetsteaks (oder Roastbeef, Lendensteaks, Entrecôtes) zu je 200 g, max. 2 cm dick
2 TL Rohrzucker
½ TL Zitronensaft
3 zerdrückte Knoblauchzehen
½ TL roter Balsamicoessig
4 EL geschmacksneutrales Öl
2 TL getrocknete, fein zerriebene gemischte Kräuter
(Oregano, Thymian, Basilikum, Rosmarin, Petersilie)
Salz und bunter Pfeffer aus der Mühle

Die Steaks pfeffern, in reichlich Öl einlegen und über Nacht ruhen lassen. Dann in einer schweren Eisenpfanne auf jeder Seite 1 Minute anbraten.

Aus der Pfanne nehmen und auf das Grillgitter in der Mitte des vorgeheizten Backofens legen. Nach Wunsch bei 100 °C garen.
Grillzeiten: „medium" 10 Minuten, „durch" 14 Minuten. Für Steaks auf dem Grill ist „englisch" nicht geeignet.

Alle Zutaten für die Marinade verrühren und die Steaks während und vor dem Ende des Garvorganges damit bestreichen.

Die Steaks erst bei Tisch salzen und mit frisch gemahlenem Pfeffer bestreuen.

Bei einem durchgebratenen Steak müssen sich auf der Oberseite Blutströpfchen zeigen. Dann die Steaks umdrehen, bis auch auf der anderen Seite Fleischtröpfchen austreten. Ein durchgebratenes Steak reagiert nicht mehr auf Fingerdruck.

Testa di maiale

Schweinskopf

2 große Zwiebeln
2 Karotten
2 Stangen Staudensellerie
4 Knoblauchzehen
½ l Weinessig
1 kg ausgelöster Schweinskopf
2 Sardellenfilets (gewässert und entgrätet)
1 Bund Petersilie
2 Salbeiblätter
4 EL Olivenöl
1 rote Paprikaschote
½ l trockener Weißwein
1 Messerspitze Peperoncinopulver
Salz und Pfeffer aus der Mühle

In einen großen Topf 2 ½ l Wasser geben und mit 1 Zwiebel, 1 Karotte, 1 Stange Staudensellerie und 2 Knoblauchzehen aufkochen lassen.

Dann das Wasser salzen, pfeffern und ¼ l Weinessig dazugeben. Sobald das Wasser wieder kocht, den Schweinskopf hineingeben und alles bei schwacher Hitze 2 Stunden köcheln lassen.

In der Zwischenzeit die Sauce zubereiten: Zwiebel, Karotte, Knoblauchzehen, Sardellen, Petersilie, Salbeiblätter und Staudensellerie klein hacken und etwa 5 Minuten in der Pfanne mit Olivenöl andünsten lassen. Die in Streifen geschnittene Paprikaschote dazugeben. Nach weiteren 5 Minuten ¼ l Weinessig und ½ l Weißwein zugießen. Mit Peperoncino abschmecken und nochmals 5 Minuten weiterkochen lassen.

Wenn der Schweinskopf gar ist, abtropfen lassen und in Streifen schneiden. Die Streifen des Schweinskopfs auf eine Platte auslegen und mit der Sauce übergießen. Mit Petersilie garnieren.

Tonno fresco in umido

Frischer Thunfisch in Tomatensauce

4 Scheiben Thunfisch (800 g)
etwas Mehl
4 EL Olivenöl
1 Stange Bleichsellerie
1 Bund Petersilie
2 Zwiebeln
2 Knoblauchzehen
2 Gewürznelken
400 g reife Tomaten
Meersalz und Pfeffer aus der Mühle

Thunfischscheiben kalt abwaschen, abtrocknen und in Mehl wenden.

In einer Pfanne 2 EL Olivenöl erhitzen. Thunfischscheiben darin auf beiden Seiten kurz anbraten und auf Küchenpapier abtropfen lassen.

Bleichsellerie putzen. Petersilie waschen, trockenschütteln und hacken. Zwiebeln und Knoblauch schälen und fein hacken.

In einer Pfanne 2 EL Olivenöl erhitzen und die Zwiebeln darin glasig dünsten. Bleichsellerie und die Hälfte der Petersilie etwa 5 Minuten mitschmoren lassen. Die Gewürznelken hinzufügen, salzen und pfeffern.

Die Tomaten enthäuten, entkernen, in kleine Würfel schneiden und durch ein Sieb drücken.

Das gedünstete Gemüse mit den passierten Tomaten ablöschen und etwa 10 Minuten bei mittlerer Hitze eindicken lassen.

Thunfischscheiben hineinlegen und unter Wenden etwa 15 Minuten fertig garen.

Vor dem Servieren mit dem Rest der Petersilie garnieren.

Mit diesem Rezept kann man auch Zahnbrasse oder Seebarsch zubereiten.

Triglie in cartoccio

Rotbarbe in Pergamentpapier

1 küchenfertige Rotbarbe (ca. 1 kg)
2 Zweige Thymian
1 Zwiebel
8 Kirschtomaten
2 Kartoffeln
4 Lorbeerblätter
2 EL Olivenöl
1 Zitrone
Meersalz und Pfeffer aus der Mühle
Pergamentpapier

Die Rotbarbe waschen und trockentupfen.

Thymianblätter von den Zweigen zupfen, Zwiebel fein schneiden und Kirschtomaten längs halbieren. Kartoffeln schälen und hauchdünn schneiden.

Den Backofen auf 220 °C vorheizen. Den Fisch auf eine Hälfte eines Bogens Backpergament legen, in das er sich gut einschlagen lässt. Den Fisch innen und außen salzen und pfeffern. Thymian und Lorbeerblätter in den Fischbauch stecken. Zwiebeln, Kirschtomaten und Kartoffeln auf und um den Fisch verteilen und mit Olivenöl beträufeln. Die andere Hälfte des Pergamentpapiers über die Rotbarbe schlagen und mit Heftklammern verschließen.

Das Päckchen auf ein Backblech legen und in der Mitte des Ofens 45 Minuten garen. Anschließend aus dem Ofen nehmen und vor dem Öffnen noch ca. 3 Minuten ruhen lassen, damit die Rotbarbe fest zum Filetieren ist.

Auf den Fisch vor dem Servieren Zitronenspalten und die Kartoffel-Tomatenmischung geben.

Trippa alla mentuccia
Kutteln mit Minze

800 g Kutteln (am besten vom Vormagen)
400 g reife Tomaten
1 Stange Bleichsellerie
2 Zwiebeln
4 Knoblauchzehen
4 EL Olivenöl
100 g Pecorino
8 Minzblätter
Salz und Pfeffer aus der Mühle

Tomaten mit kochendem Wasser überbrühen, schälen und grob würfeln. Bleichsellerie in kleine Stücke schneiden, Zwiebeln und Knoblauch fein hacken.

Gemüse und Knoblauch in einer Pfanne in etwas Olivenöl andünsten und mit 2 EL Wasser kurz aufkochen lassen.

Wenn das Gemüse gar und der Tomatensaft eingekocht ist, alles durch ein Sieb drücken. Erneut auf den Herd stellen und eindicken lassen. Den Rest Olivenöl einrühren und mit Salz und Pfeffer abschmecken.

Die Kutteln in reichlich Wasser mehrmals waschen. Anschließend in Streifen schneiden und in einen Topf mit kaltem Salzwasser geben. 1½ Stunden kochen, dabei das Wasser öfter wechseln. Dann aus dem Topf nehmen und abtropfen lassen.

Die Tomatensauce in einer großen Pfanne erhitzen, die Kutteln dazugeben und ca. 10 Minuten bei geringer Hitze köcheln lassen. Ab und zu mit einem Holzlöffel umrühren.

Vor dem Servieren den geriebenen Pecorino und die klein gezupften Minzblätter über die gegarten Kutteln streuen.

Turtidduzza

Lamm-Innereien mit Kräutersauce

600 g Herz, Lunge und Darm vom Lamm
1 Zitrone
3 Knoblauchzehen
1 Bund Petersilie
2 EL Olivenöl
1 EL Tomatenmark
Salz und Pfeffer aus der Mühle

Die verschiedenen Innereien sorgfältig waschen und säubern. Den Darm in kleine Stücke schneiden und mehrmals gut unter fließendem Wasser waschen. Alle Innereien gut abtropfen lassen, in Stücke schneiden und in einer Schicht auf einem Teller anrichten. Den Zitronensaft darüberträufeln und die Fleischteile 10-15 Minuten ruhen lassen.

In der Zwischenzeit die geschälten Knoblauchzehen mit der gewaschenen Petersilie fein hacken, mit dem Olivenöl in eine Pfanne geben und darin anbraten. Nach einigen Minuten die Fleischstücke dazugeben. 5 Minuten mitbraten und mit einem Holzlöffel verrühren. Mit Salz und Pfeffer abschmecken.

Das mit ½ Tasse heißem Wasser verdünnte Tomatenmark hinzufügen. Alles bei mittlerer Hitze weitere 15-20 Minuten garen.

Nur wenig salzen. Zu viel Salz verdirbt die Speisen und schadet der Gesundheit.

Vermicelli alla siracusana
Fadennudeln nach der Art von Syrakus

400 g Fadennudeln
1 Aubergine
1 Bund Basilikum
3 Sardellenfilets
1 EL Kapern
2 Knoblauchzehen
12 schwarze Oliven ohne Stein
1 grüne Paprikaschote
2 reife Tomaten
Olivenöl nach Belieben
4 EL Pecorino (frisch gerieben)
Salz und Pfeffer aus der Mühle

Die gewaschene Aubergine in Würfel schneiden und salzen, damit sie Wasser zieht. Dann das Salz mit frischem Wasser auswaschen und die Aubergine ausdrücken.

Die gewaschenen Basilikumblätter trockentupfen und grob hacken, ebenso die Sardellenfilets, die Knoblauchzehen und Oliven.

Die Paprikaschote und die Tomaten mit kochendem Wasser überbrühen und die Haut abziehen. Die Paprikaschote in Streifen schneiden.

Öl in einer großen Pfanne erhitzen. Tomaten, Auberginenwürfel und Sardellenfilets dazugeben und bei starker Hitze schmoren. Mehrfach wenden.

Dann die Oliven, Paprikastreifen, Basilikumblätter und Kapern hinzufügen, gut durchmischen, mit Salz und Pfeffer würzen und bei schwacher Hitze köcheln lassen.

In der Zwischenzeit die Fadennudeln in reichlich Salzwasser bissfest kochen.

Die Fadennudeln werden mit der fertigen Sauce vermischt und mit Pecorino bestreut.

Zuppa di pesce alla mafiosa

Sizilianische Fischsuppe

200 g Kabeljau
200 g Meerbarben
200 g Makrelen
1 Fenchelknolle
1 Karotte
1 Zwiebel
2 Knoblauchzehen
1 Bund Petersilie
4 Weißbrotscheiben
2 EL Olivenöl
Salz und Pfeffer aus der Mühle

Die küchenfertigen Fische waschen und in grobe Stücke zerteilen. Das Gemüse säubern und klein schneiden. Knoblauch und 1 Bund Petersilie fein hacken.

Fische und Gemüse mit Petersilie und Knoblauch bei schwacher Hitze 20 Minuten in einem Topf mit 1 l Salzwasser kochen. Die Fischstücke aus dem Topf nehmen und die Brühe durch ein Sieb gießen. Die Brühe wieder zu den Fischen geben und nochmals 10 Minuten köcheln lassen.

Währenddessen die Weißbrotscheiben mit Olivenöl bestreichen, mit Knoblauch bestreuen und im Backofen einige Minuten knusprig rösten.

Die Weißbrotscheiben in Suppenteller verteilen und mit der Fischsuppe übergießen. Vor dem Servieren mit einigen Petersilienblättern garnieren.

Zucchine ripiene
Gefüllte Zucchini

600 – 800 g Zucchini
1 Zwiebel
2 Knoblauchzehen
12 grüne Oliven ohne Stein
½ Bund Basilikum
250 g Hackfleisch
1 EL Kapern
4 EL Tomatensauce
Olivenöl nach Belieben
Salz und Pfeffer aus der Mühle

Die Zwiebel, die Knoblauchzehen, die Oliven und die Basilikumblätter fein hacken.

Die Zucchini in Salzwasser ungefähr 5 Minuten kochen und das Wasser abgießen. Die Zucchini abkühlen lassen, der Länge nach durchschneiden, mit einem Teelöffel aushöhlen und das Fruchtfleisch in eine Schale geben.

Das Hackfleisch mit dem Zucchinifleisch, Zwiebel, Knoblauch, Kapern, Oliven und Basilikumblättern vermengen und die Tomatensauce hinzugeben, um das Ganze zu binden.

Den Brei in die Schiffchen füllen und mit Olivenöl beträufeln.

Eine Pfanne mit Olivenöl einfetten, die Schiffchen hineinlegen und 30 Minuten im Backofen garen.

Jeder Suppe sowie gedünstetem Gemüse kann vor dem Servieren etwas Zitronensaft hinzugegeben werden.

7. Anhang

7.1 Olivenöl – Grundlage der sizilianischen Küche

Bei der Beurteilung des Olivenöls geben Farbe, Geruch und Geschmack den Ausschlag.

Bei einer Stichprobe sollte hochwertiges Olivenöl unter keinen Umständen eine braune oder beige Farbe zeigen. Kenner bevorzugen eine tiefgrüne Farbe. Vorsicht bei trübem Olivenöl! Es wird bald ranzig werden.

Bei einer Geschmacksprobe sollte die Fruchtnote des Olivenöls stark sein. Es sollte keine bitteren Nuancen aufweisen. Häufig hat gutes Olivenöl einen gleichmäßig milden Haselnussgeschmack oder schmeckt aromatisch rund und harmonisch nach Kräutern.

Das Aroma des Olivenöls hängt von der Sorte des Olivenbaumes, vom Anbaugebiet, von der Erntezeit und vom Klima ab.

Hochwertiges Olivenöl zeichnet sich durch einen niedrigen Säuregehalt aus. Er soll zwischen 0,5 und 1 Prozent liegen.

Das Olivenöl wird international in folgende Güteklassen eingeteilt:

Natives Olivenöl extra: hohe Geschmacksvielfalt, niedriger Säuregehalt (maximal 0,8 %), nur aus frischen, unverletzten Oliven.

Natives Olivenöl: Säuregehalt maximal 2 %, aus fast unverletzten Oliven.

Olivenöl: Verschnitt aus nativem Olivenöl und Öl, das in der Raffinerie gereinigt wurde.

Olivenöl enthält bis zu tausend biologische Wirkstoffe. Als natürliches Antioxydans ist es gut für das Herz, weil es das Blut verdünnt.

Die mehrfach ungesättigten Fettsäuren (Omega-3- und Omega-6-Fettsäuren) senken bei entsprechender Zufuhr die Konzentration der Triglyzeride im Serum, wirken stark vorbeugend gegen Thrombose usw.

Die Qualität des Olivenöls hängt von folgenden Faktoren ab:

1. von der Höhenlage des Anbaugebietes:
   Ideal sind Höhenlagen von 100 bis 300 Meter.

2. von der Dauer der Sonneneinstrahlung:
   Auf Sizilien scheint an 310 Tagen im Jahr die Sonne.

3. von der Sorte des Olivenbaums:
   Moderne Züchtungen erlauben eine Ernte nach drei Jahren. Früher galt: Was der Großvater pflanzt, kann erst der Enkel ernten.

4. vom Zeitpunkt der Ernte:
   Die Ernte auf Sizilien beginnt bereits im Spätherbst und dauert bis zum April/Mai. Der Ernteertrag beträgt pro Baum 3-20 kg.

5. vom Zeitpunkt der Verarbeitung:
   Die Oliven müssen innerhalb von 24 Stunden verarbeitet werden.

6. von der Erntetechnik:
   Ältere Bauern pflücken die Oliven mit der Hand. Heute werden unter den Bäumen Netze ausgebreitet, auf welche die reifen Oliven fallen. Der Bauer hilft durch Schütteln des Baumes noch etwas nach. Nur dunkelblaue Oliven kommen in die Säcke. Für Spitzenöle pflücken die Olivenbauern unreife oder halbreife Oliven vom Baum.

7. von der Gewinnung des Olivenöls:
   Die gewaschenen Oliven werden ohne Erhitzen (lauwarmes Wasser ist möglich) durch eine Granitsteinmühle gepresst. Im Regelfall geschieht diese Kaltpressung heute durch Pressen aus Stahl.

8. vom Säuregrad:
   Das teuerste und kostbarste ist das fast geschmacksneutrale Öl mit weniger als 1 % Säure (absolute Topqualität 0,3 – 0,8 %). Die Sizilianer ziehen Säuregrade bis 3 % vor. Sie mögen ein Öl, das kräftig nach Oliven schmeckt.

9. vom Einsatz von Pflanzgiften:
   80 % der Olivenbauern setzen auf dem Boden Herbizide ein, auf den Bäumen Pestizide. Die Anlage der Monokulturen begünstigt den Befall mit der Ölfliege.

10. vom Aufbewahren des Olivenöls:
    Eine angebrochene Flasche Olivenöl, dunkel und kühl gelagert, hält sich vier bis acht Wochen.
    Nicht selten wird das sensible Olivenöl in Plastikbehälter bzw. Blechkanister abgefüllt, die vorher mit Geschirrspülmitteln und Fettlösern gereinigt wurden.

Olivenöl extra vergine ist nicht nur für kalte Speisen, sondern auch zum Kochen und Braten geeignet. Doch sollte man es nicht über 180 °C erhitzen. Dabei verliert es viel an Aroma.

Immer gilt: Olivenöl kühl, aber nicht im Kühlschrank aufbewahren. In dunklen Flaschen oder Krügen vor Lichteinwirkung schützen. So ist Olivenöl bis zu 18 Monaten haltbar.

Zum Würzen der Speisen kann man mehrere Flaschen mit Olivenöl vorbereiten. In eine Flasche gibt man Peperoncini, wenn man ein Gericht scharf würzen will. In eine andere kommt Rosmarin mit verschiedenen Kräutern je nach Geschmack. So ist es ohne große Vorbereitung möglich, z. B. Suppen erst ganz zum Schluss mit gewürztem Olivenöl ein besonderes Aroma zu geben.

Weitere Informationen über Olivenöl unter www.olivenoel-info.net

7.2 Die wichtigsten Nudelsorten aus Hartweizengrieß (varietà di pasta)

Agnolotti	rechteckige Teigtaschen, meist mit Käse, Fleisch oder Geflügel
Anellini	kleine, ringförmige Nudeln, meist als Suppeneinlage verwendet
Bavette	lange, flache Spaghetti
Bucatini	dicke, hohle Spaghetti
Cannellini	große Röhrennudeln zum Füllen
Capelli d'angelo	'Engelshaar', Haarnudeln
Chitarra	lange, fadenförmige Nudeln, die auf gitarrenähnlichen Gestellen geformt werden
Conchiglie	kurze, muschelartig geformte Hohlnudeln
Diamanti	Nudeln in Rautenform
Ditali, ditalini	kurze Röhrennudeln
Eliche	Spiralnudeln
Farfalle	zarte Nudeln in Form von Schmetterlingen
Fettuccine	Bandnudeln, werden in Süditalien Tagliatelle genannt
Fusilli	lange oder kurze spiralförmige Nudeln
Gnocchi	gewölbte, kurze Hohlnudeln
Lasagne	breite, rechteckige Teigblätter, die im Ofen mit Käse oder Sauce überbacken werden
Linguine	sehr schmale, dünne Bandnudeln
Maccheroni	dicke, lange Röhrennudeln
Maccheroncini	kleine Makkaroniart
Mafalde	etwa 1 cm breite Nudeln mit welligen Rändern
Orecchiette	Nudeln in Form kleiner Ohren
Paglia e fieno	grüne und gelbe Bandnudeln gemischt ('Stroh und Heu')

Pappardelle	sehr breite Bandnudeln aus Hartweizengrieß, oft mit gezackten Rändern
Penne	kurze, gerippte, röhrenförmige Nudeln, an den Enden abgeschrägt
Pici	handgedrehte, dicke Spaghetti
Pipe	gebogene, hohle Nudeln in Form von Pfeifen
Riccini	Teigwaren in Lockenform
Rigatoni	kurze, gerippte Teigröhrchen
Rotelle	räderförmige Nudeln mit gewelltem Rand, die sogar Speichen haben
Spaghetti	Spaghetti
Spaghettini	sehr dünne, feine Spaghetti
Stelline	kurze, sternchenförmige Nudeln, oft als Suppeneinlage verwendet
Tagliatelle	Bandnudeln
Tagliolini	schmale Bandnudeln
Tortellini	kleine Teigringe
Trenette	flache und sehr dünne Spaghetti
Vermicelli	lange, sehr dünne Spaghetti
Zite	besonders dicke Spaghetti, deutschen Makkaroni ähnlich, werden vor dem Kochen in Stücke gebrochen

7.3 Regeln für das Nudelkochen

Für Anfänger gelten folgende Empfehlungen:

Die Nudeln geraten nur gut, wenn sie in reichlich Wasser kochen. Faustregel: Auf 100 g Nudeln rechnet man 1 l Wasser.

Bei manchen Nudelsorten, z. B. Bandnudeln, Pappardelle, Trennette usw. ist es angebracht, 1-2 Tropfen Olivenöl an das Wasser zu geben. Damit wird ein Aneinanderkleben der Nudeln vermieden.

Bevor die Nudeln in das kochende Wasser gegeben werden, wird das Wasser gesalzen. Man rechnet 10 g Salz pro Liter Wasser.

Die Nudeln mit einem Griff in das siedende Wasser geben und sofort die Hitze erhöhen. Damit wird der Kochstillstand, der durch das Eintauchen der Nudeln entstanden ist, möglichst rasch unterbrochen.

Mit einem Holzlöffel die Nudeln kräftig umrühren, besondern bei Makkaroni, damit sie nicht am Boden des Kochtopfes anhaften.

Die Kochdauer der Nudeln ist von ihrer Größe und Beschaffenheit anhängig. Sie kann 8 bis 15 Minuten betragen. Sieht man beim Abbeißen der Nudeln innen noch einen winzigen weißen Punkt, dauert es noch Sekunden, bis die Nudeln 'al dente', d. h. bissfest sind.

7.4 Übersicht über die Zubereitung verschiedener Fische

Fisch	Garmethode	Zeit zum Garen in Min (pro kg)
Goldbrasse (orata)	braten	10 – 20
Makrele (sgombro)	im Backofen braten	10 – 15
Meeraal (grongo)	im Bratofen grillen	20
Meeräsche (cefalo)	grillen, sieden	15 – 20
Rochen (razza)	braten	15 – 20
Sardellen (sardella)	braten	3 – 5
Sardine (sarda)	frittieren	15 – 20
Schwertfisch (pesce spada)	sieden, grillen, dämpfen	20 – 25
Seebarbe (triglia)	braten, dämpfen	15 – 20
Seebarsch (pesce persico)	grillen, sieden	20 – 25
Seehecht (nasello)	sieden	15
Steinbutt (rombo)	sieden, braten	20
Thunfisch (tonno)	dämpfen, grillen	25 – 35
Zahnbrasse (dentice)	dämpfen, grillen	20

7.5 Kleines Mafia-Lexikon

Mafia

Sprachforscher leiten den Namen u. a. von dem arabischen Wort 'mahias' ab, das Dreistigkeit, Stolz, Gewalttätigkeit meint. Historiker sind überzeugt, dass das Wort 'mafia' (mafa gesprochen) von den riesigen Steinbrüchen kommt, in die sich verfolgte Sarazenen geflüchtet hatten.

Camorra

Der Name deutet auf das arabische Würfelspiel 'Kumar' hin. 'Gamara' hieß früher der Ort, an dem es betrieben wurde. Im neapolitanischen Dialekt versteht man unter 'morra' eine Bande. Für den Ursprung des Namens 'Camorra' gibt es viele Theorien.

'Ndrangheta

Dieser Name stammt wohl aus dem griechischen Wort 'andragatia', was so viel wie 'Tapferkeit, Männlichkeit' bedeutet.

Gli amici degli amici

'Die Freunde der Freunde' ist auch als Ausdruck für die Mafia gebräuchlich. Damit ist ein mafioses Beziehungsgeflecht einflussreicher Personen aus Politik und Wirtschaft gemeint.

Cosca

Ist die kleinste Einheit, gleichsam die Zelle des 'Mafia-Systems'. Sie besteht nur aus einigen Dutzend Mitgliedern. Mehrere 'cosche' bilden einen Clan oder eine Familie.

Lupara

Die 'Wolfsflinte', eine Schrotflinte mit abgesägtem Lauf, ist die traditionelle Waffe der Mafia.

Lupara bianca

'Der Mord ohne Leiche'! Das Opfer verschwindet, ohne eine Spur zu hinterlassen.

Omertà

Meint die Pflicht absoluter Verschwiegenheit.

Onorata società

'Ehrenwerte Gesellschaft' ist als Ausdruck für die Mafia gebräuchlich.

Pentito

Von Reue erfüllter, geständiger Angeklagter, der in Mafia-Prozessen seine Mittäter preisgibt. Nur wenige dieser „Verräter" sterben eines natürlichen Todes.

Pezzi da novanta

Mit dem Ausdruck „schwere Kaliber" meint man die Mafiabosse.

Picciotto

Ist ein billiger Killer, ein „Lehrling" in der Hierarchie der Mafia.

La piovra

Der „Blutsauger" ist ein populäres Synonym für die Mafia.

Pizzo, tangente

Beide Bezeichnungen meinen das von der Mafia erpresste Geld, die so genannte Mafiasteuer.

Zum Autor

Oskar Peter Spandl, alias Pietro Querini, verbrachte seine Kindheit und Jugend in Brescia/Oberitalien. Schon in jungen Jahren lernte er bei seinem Großvater die traditionelle Küche Siziliens kennen.
Der leidenschaftliche Koch verrät in diesem Buch zum ersten Mal die besten Rezepte seiner großen Familie. Heute lebt er in seiner Wahlheimat München. Er ist Mitglied des Münchner Presseclubs und der Gesellschaft für Außenpolitik.

Seit über zwanzig Jahren ist Oskar Peter Spandl bei seinen Verwandten in den Dörfern südlich von Palermo eingeladen. Mit seinen Mafiafreunden besucht er in versteckten Bergdörfern und in den nahen Küstenorten Restaurants und Trattorias.

In ausführlichen Gesprächen mit den Küchenchefs erfährt er von den "Geschäften" der Mafia, aber auch von ihren Lieblingsgerichten.

Veröffentlichungen

Lernen im Schulalter
Psychologische Grundlagen und schulpädagogische Konsequenzen
Verlag W. Goldmann, München 1972, 187 S.

Schulpädagogik und pluralistische Gesellschaft
Verlag W. Goldmann, München 1973, 172 S.

Gesunde Ernährung mit weniger Gift
Verlag Herder, Freiburg 1987, 159 S.

Gesundheit aus dem Kräutergarten
Verlag Herder, Freiburg 1984, 159 S.

Die Angst des Schulkindes und ihre Überwindung
Verlag Herder, Freiburg 1979, 127 S.

Konzentrationstraining mit Schulkindern
Diagnose und Therapie von Aufmerksamkeitsstörungen
Verlag Herder, Freiburg 1980, 128 S.

Die Einstellung des werktätigen Jugendlichen zu seiner Familie
Verlag A. Hain, Meisenheim a. Glan 1966, 154. S.

Methodik und Praxis der geistigen Arbeit
Verlag Ehrenwirth, München 4. Aufl. 1977, 141 S.

Die Organisation der wissenschaftlichen Arbeit
Verlag F. Vieweg & Sohn, Wiesbaden 3. Aufl. 1980, 112 S.

Die Organisation der wissenschaftlichen Arbeit
Verlag Rowohlt, Reinbeck 2. Aufl. 1980, 112 S.

Die schriftliche wissenschaftliche Arbeit
Die Anfertigung von Seminar-, Zulassungs-, Diplom- und Doktorarbeiten
Verlag J. Schuster, München 4. Aufl. 1972, 120 S.

Die Zulassungsarbeit
Aufbau, Form und wissenschaftliche Grundlegung
Verlag J. Schuster, München 5. Aufl. 1973, 120 S.

Die unterrichtspraktische Prüfung
Eine methodische Anleitung
Verlag J. Schuster, München 4. Aufl. 1971, 119 S.

Die mündliche Prüfung
Eine psychologische und methodische Anleitung
Verlag J. Schuster, München 4. Aufl. 1971, 83 S.

Sinnvolles Lernen
Verlag J. Schuster, München 2. Aufl. 1970, 100 S.